8.-10. Schuljahr

Henning Mertens

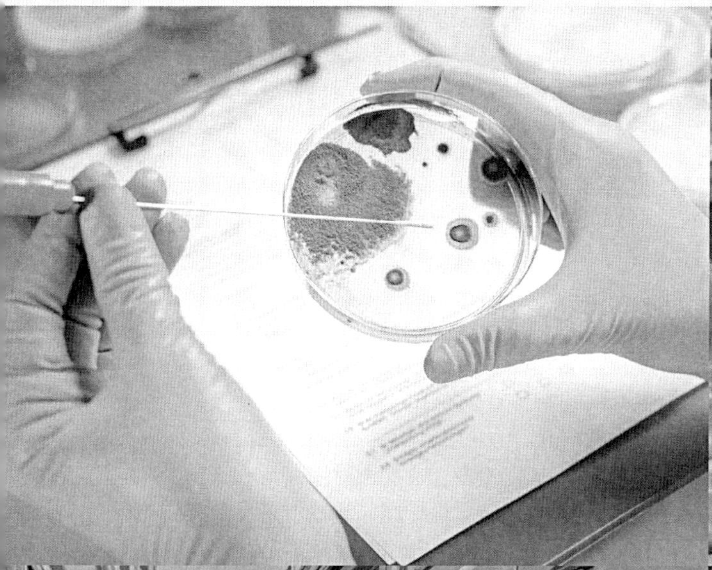

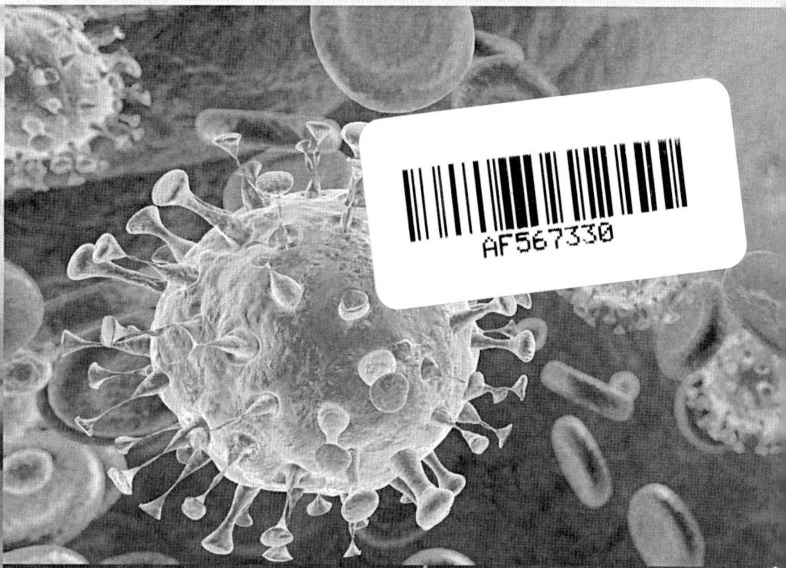

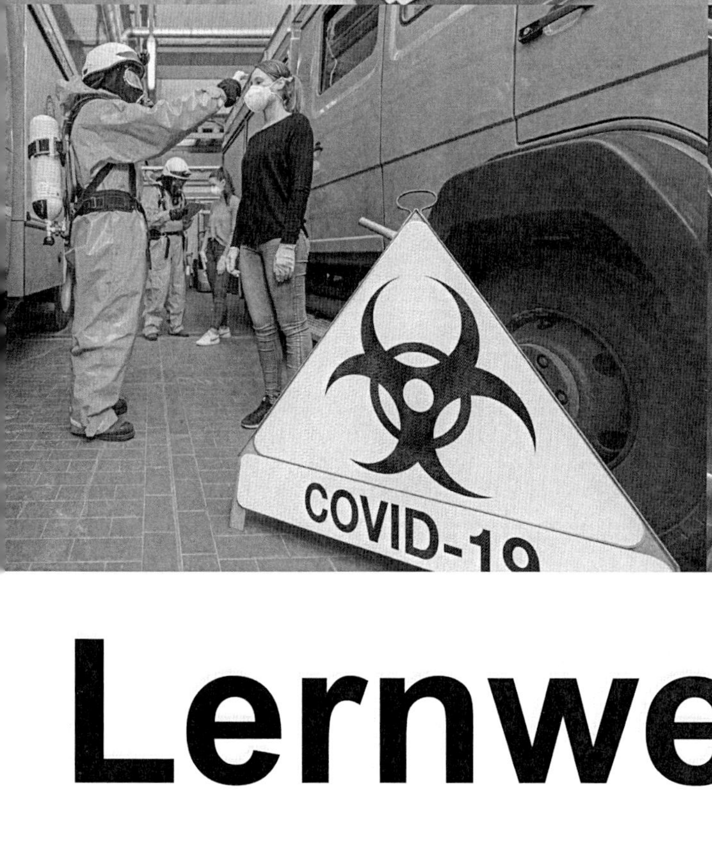

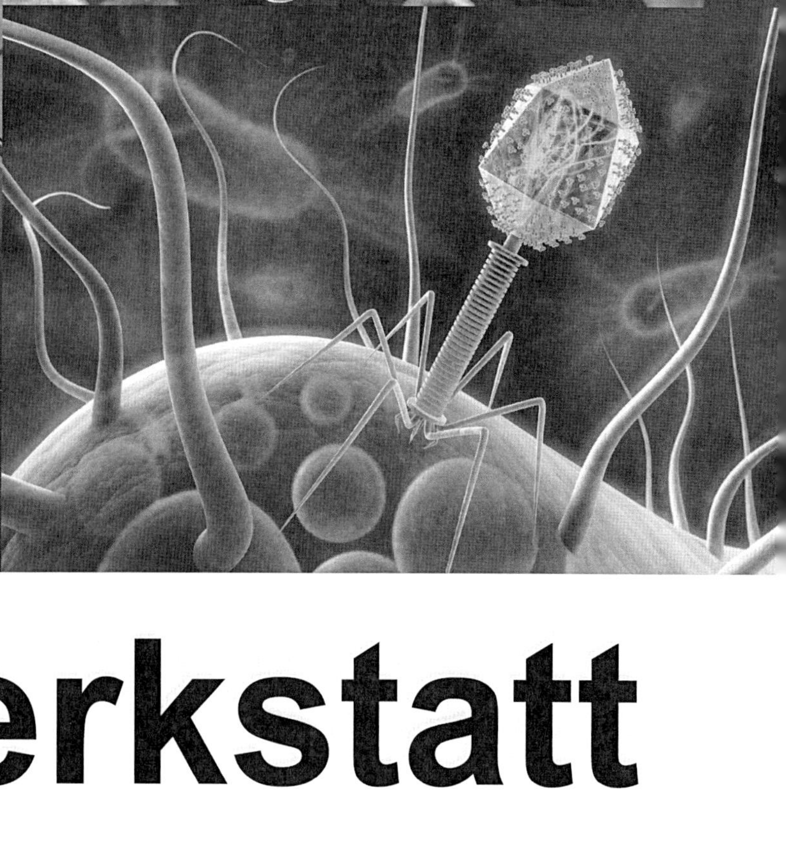

Lernwerkstatt

Viren, Bakterien & Co

Das Coronavirus SARS-CoV-2 und andere Erreger unter der Lupe

Lernwerkstatt Viren, Bakterien & Co.

Das Coronavirus SARS-CoV-2 und andere Erreger unter der Lupe

4. Auflage 2024

Inhalt: Henning Mertens
Coverbild: © peterschreiber.media; © Alexandre Raths;
© Romolo Tavani; © 8880 (alle AdobeStock.com)
Redaktion: Kohl-Verlag
Grafik & Satz: Kohl-Verlag
Druck: Druckhaus Flock, Köln

Bestell-Nr. 12 418

ISBN: 978-3-96624-104-5

Bildquellen (alle © AdobeStock.com)

Seite 5+34: © Alila Medical Media; **Seite 7+34:** © Andrea Danti; **Seite 8:** © rost9; **Seite 10:** © tcheres, © Yuliya, © martialred; **Seite 11:** © jarun011; **Seite 13:** © greenvector; **Seite 16+36:** © designua, © VectorMine; **Seite 17:** © designua; **Seite 21:** © artbesouro; **Seite 23:** © VectorMine, © designua; **Seite 25:** © Dmytro, © ChrWeiss; **Seite 27:** © Siniehina, © freshidea; **Seite 28:** © lebrac, © Unkas Photo; **Seite 29:** © vaitekune; © Igor Kramar; **Seite 38:** © designua

Der vorliegende Band ist eine Print-Einzellizenz

Sie wollen unsere Kopiervorlagen auch digital nutzen? Kein Problem – fast das gesamte KOHL-Sortiment ist auch sofort als PDF-Download erhältlich! Wir haben verschiedene Lizenzmodelle zur Auswahl:

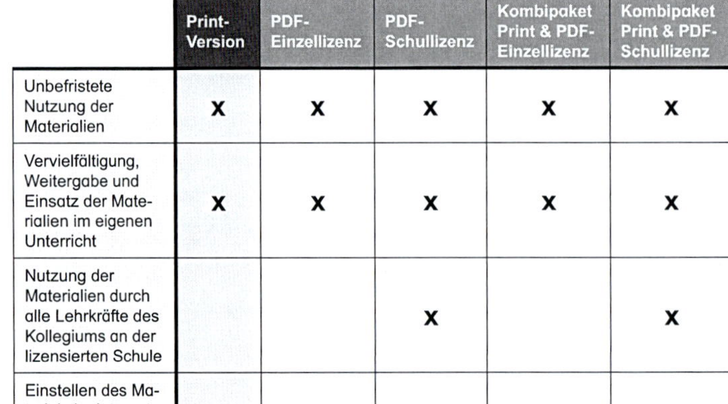

	Print-Version	PDF-Einzellizenz	PDF-Schullizenz	Kombipaket Print & PDF-Einzellizenz	Kombipaket Print & PDF-Schullizenz
Unbefristete Nutzung der Materialien	x	x	x	x	x
Vervielfältigung, Weitergabe und Einsatz der Materialien im eigenen Unterricht	x	x	x	x	x
Nutzung der Materialien durch alle Lehrkräfte des Kollegiums an der lizensierten Schule			x		x
Einstellen des Materials im Intranet oder Schulserver der Institution			x		x

Die erweiterten Lizenzmodelle zu diesem Titel sind jederzeit im Online-Shop unter www.kohlverlag.de erhältlich.

Inhaltsverzeichnis

Lernwerkstatt Viren, Bakterien und Co. – Bestell-Nr. 12 418

Vorwort

Liebe Kolleginnen, liebe Kollegen,

Viren und Bakterien verursachen einige der gefährlichsten Infektionskrankheiten. Über viele Jahrhunderte wusste man jedoch nichts von ihrer Existenz, nichts über ihr Aussehen oder wie sie uns Menschen krank machen. Pilze sind Schüler*innen aus dem Alltag oft lediglich als Nahrungsmittel bekannt – ihr Potential als Krankheitserreger zumeist nicht.

Die vorliegende Lernwerkstatt vermittelt Grundlagenwissen über Bakterien, Viren und Pilze, wie ihren Aufbau oder ihren Lebenszyklus. Sie beleuchtet als außergewöhnliche Organismen die "Viren der Bakterien" – Bakteriophagen. Die Schüler*innen lernen, wie sich diese Organismen ausbreiten können und wie mögliche Schutzmaßnahmen – Antibiotika, Impfungen – aussehen. Sie erfahren, wie sich der Mensch Bakterien und Viren zunutze macht.

Vielfältige Arbeitsaufträge vermitteln das Wissen in methodisch abwechslungsreicher Form – Skizzen, Denkmodelle und Rätsel lassen die Schüler*innen die Phänomene aus vielen Blickwinkeln betrachten.

Die Lernwerkstatt kann als eigenständige Unterrichtsreihe verwendet werden. Es ist jedoch auch möglich, einzelne Arbeitsblätter zu entnehmen und damit den eigenen Unterricht zu ergänzen.

Viel Freude Ihnen und Ihren Schülern*innen wünscht Ihnen der Kohl-Verlag und

Henning Mertens

Bakterien

Typischer Aufbau eines Bakteriums

Bakterien sind einzellige Organismen. Sie besitzen keinen Zellkern. Ihr Erbgut liegt frei im **Zytoplasma** als ein großes ringförmiges DNA-Molekül. Man nennt es auch **Bakterienchromosom**. Daneben besitzen Bakterien häufig noch weiteres Erbgut in Form kleiner Ringe, den so genannten **Plasmiden**. Damit ein Bakterium leben kann, muss es Nahrung aufnehmen und verdauen. Die dafür notwendigen Stoffe wie z.B. Verdauungsenzyme produziert es an kleinen kugeligen Strukturen, den **Ribosomen**. Das Zytoplasma wird nach außen von der **Plasmamembran** begrenzt, drumherum liegt die schützende **Zellwand**. Viele Bakterien bilden darüber hinaus noch eine **Kapsel** aus. Diese kann das Bakterium, wenn es einen Menschen befällt, vor dem Immunsystem schützen.

Damit sich Bakterien an einer Oberfläche – wie etwa einer menschlichen Zelle – festhalten können, sind auf der Oberfläche haarige Strukturen, die man **Pili** (Singular: Pilus) nennt. Einige Bakterien können sich selbstständig mit Hilfe einer oder mehrerer **Geißeln** fortbewegen.

Aufgabe 1: *Benenne die Bestandteile eines Bakteriums in der Abbildung mit den im Text hervorgehobenen Fachbegriffen.*

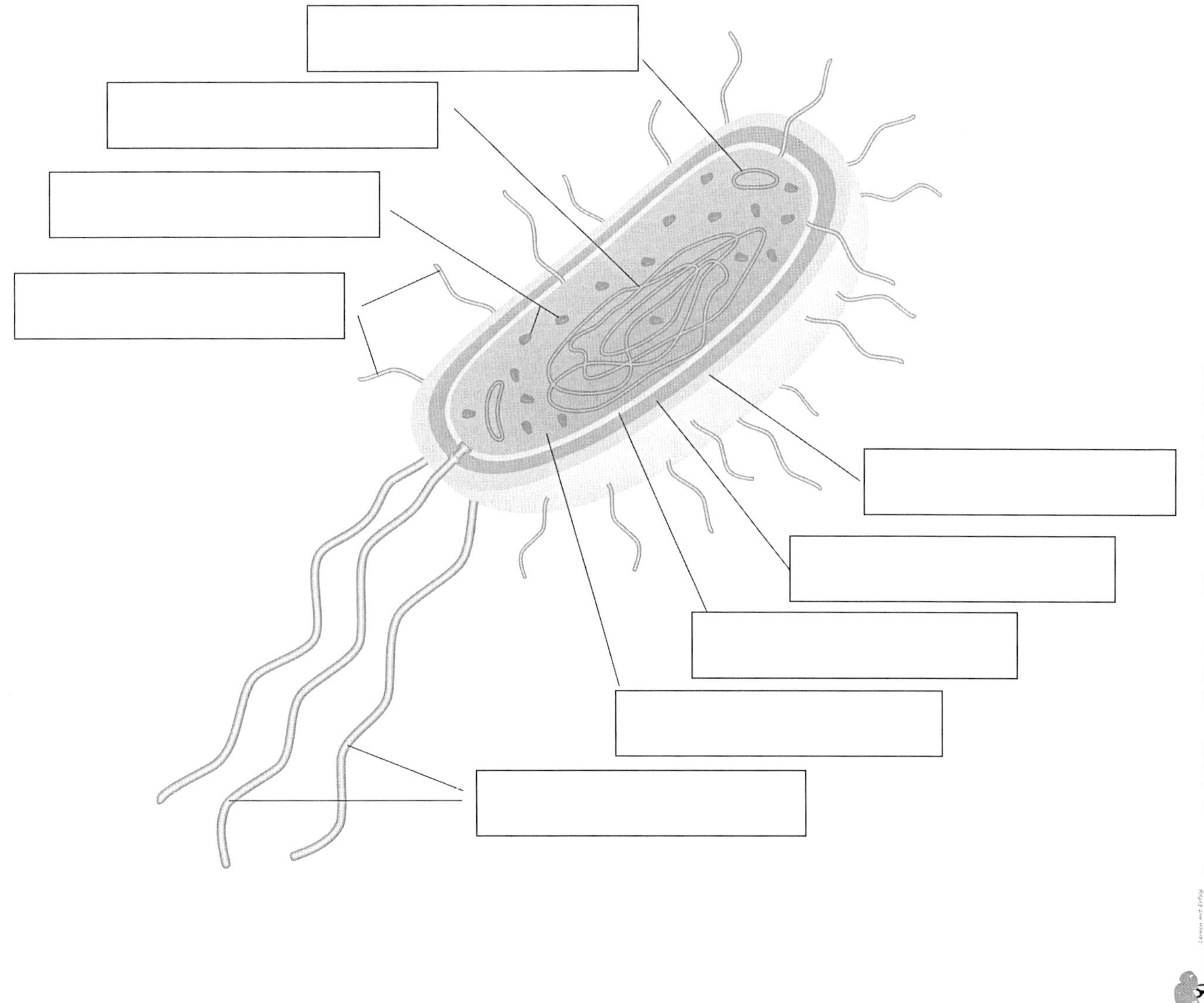

KOHL VERLAG Lernwerkstatt Viren, Bakterien und Co. – Bestell-Nr. 12 418

Bakterien

Formen von Bakterien

Bakterien zeigen in der äußeren Gestalt viele verschiedene Formen. Neben den stäbchenförmigen Bakterien, wie die an der wir die wesentlichen Bestandteile der Bakterienzellen erarbeitet haben, findet man noch viele weitere Formen. Man unterteilt sie grob in Stäbchen, Kokken und andere Formen.

Stäbchen

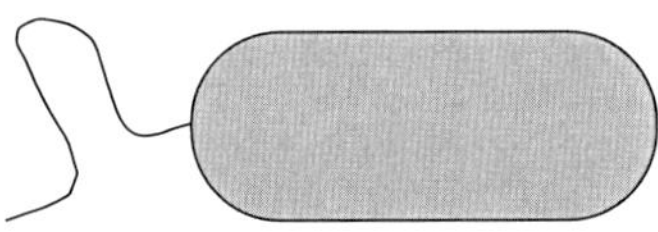

Ein typischer Vertreter der Stäbchenbakterien ist *Bacillus subtilis*, das im Boden lebt. Dort sorgt es dafür, dass Mineralien wieder für den natürlichen Stoffkreislauf zur Verfügung stehen.

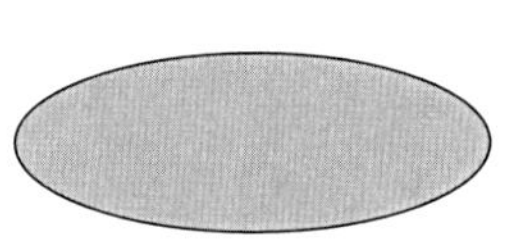

Haemophilus influenzae ist ein Stäbchenbakterium, das man dadurch erkennen kann, dass die Form insgesamt rundlicher, aber nicht ganz kugelförmig ist (Kokkobazillus). Es lebt auf unseren Schleimhäuten, z.B. im Nasenraum. Wenn unser Immunsystem angegriffen ist, z.B. während einer Grippe, kann das Bakterium eine Nebenhöhlenentzündung auslösen.

Kokken

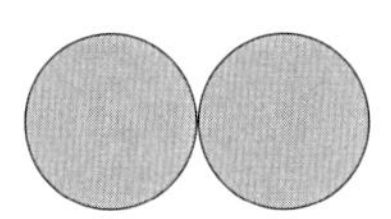

Kugelige Bakterien nennt man Kokken. Sie können in verschiedenen Organisationsformen vorkommen. Hängen zwei Bakterien zusammen nennt man sie Diplokokken. Ein Vertreter dieser Form ist *Streptococcus pneumoniae*, das bei uns eine Lungenentzündung auslösen kann.

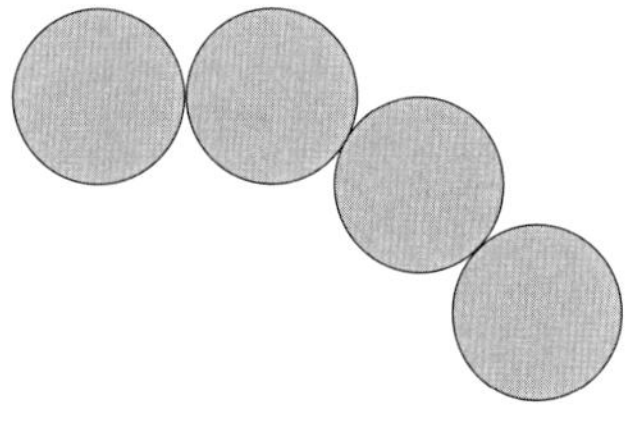

Kokken, die zu Ketten angeordnet sind, nennt man Streptokokken. Das Bakterium *Enterococcus faecium* gehört in diese Gruppe und kommt in unserem Verdauungssystem und in dem anderer Säugetiere vor. Ob es eine Rolle bei der Verdauung spielt, ist noch nicht geklärt.

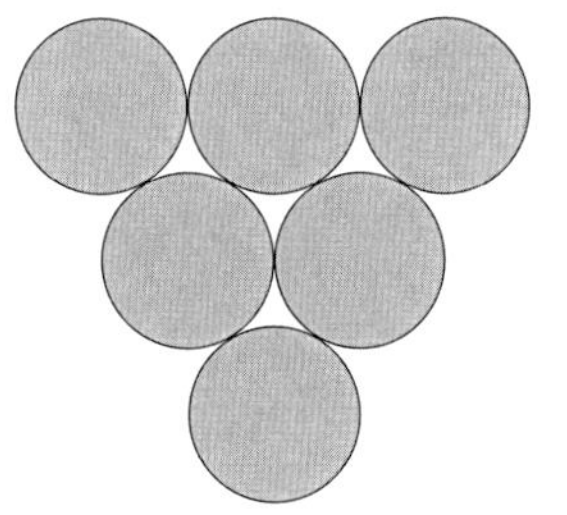

Traubenförmig angeordnete Kokken bezeichnet man auch als Staphylokokken. Auf unserer Haut lebt *Staphylococcus aureus*, das sich nicht aktiv fortbewegen kann. In seltenen Fällen kann es auch Entzündungen auslösen.

Andere Formen

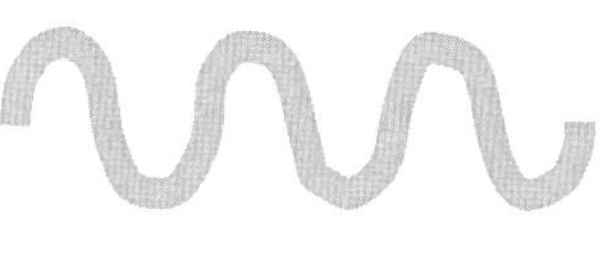

Es gibt schraubenförmige Spirillen, von denen bislang nur zwei Arten entdeckt wurden.

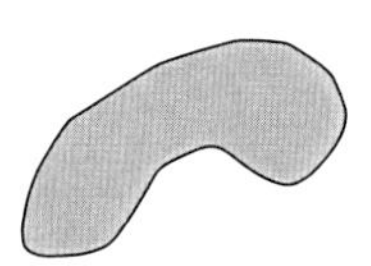

Vibrionen sind gekrümmte Stächen. Das Bakterium *Vibrio cholerae* löst beim Menschen die Cholera aus.

Lernwerkstatt Viren, Bakterien und Co. – Bestell-Nr. 12 418

Bakterien

1

Vermehrung von Bakterien

Bakterien vermehren sich durch Querteilung. Nach einer Teilung wächst das Bakterium zunächst so lange, bis es eine kritische Größe erreicht hat, bei der es schwierig wird, alle Prozesse in der Zelle unter Kontrolle zu behalten. Dann leitet es die Teilung ein. Dafür verdoppelt das Bakterium zunächst sein Erbmaterial. Die beiden Bakterienchromosomen trennen sich voneinander. Daraufhin hin entsteht in der Zellmitte eine Septum genannte Scheidewand. Entlang dieser wächst eine neue Zellwand. Am Ende teilt sich die Zelle in zwei identische Tochterzellen auf.
Diese wachsen jeweils wieder und teilen sich, sobald sie die entsprechende Größe erreicht haben, erneut.

<u>Aufgabe 2</u>: *Ergänze in der Abbildung für jede Tochterzelle eine weitere Teilung. Vergiss die Überschriften nicht.*

Mutterzelle	**Verdopplung des Erbguts**	**Ausbildung einer neuen Zellwand**	**Teilung**

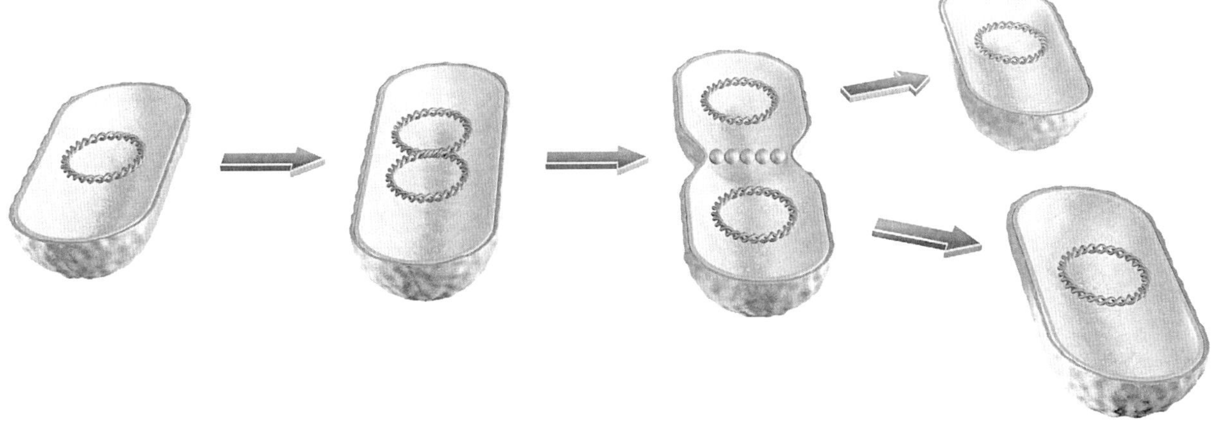

KOHL VERLAG Lernwerkstatt Viren, Bakterien und Co. – Bestell-Nr. 12 418

Bakterien vermehren sich sehr schnell (Blatt 1 von 2)

Wir haben ja schon gelernt, dass Bakterien sich durch Querteilung vermehren. Das kann unter optimalen Bedingungen sehr schnell gehen. Das Bakterium *Escherichia coli*, das auch in unserem Darm vorkommt und dort unter anderem Vitamine produziert, die wir wiederum aufnehmen, kann sich im Idealfall alle 20 min verdoppeln. Es braucht dafür im Grunde nur genügend Nahrung und die passende Temperatur.

Aber wie kommt es dann, dass nicht die ganze Erde schon voller Bakterien ist – immerhin gibt es sie bereits seit mehr etwa 3,5 Milliarden Jahren. Das liegt daran, dass es überall dort wo Bakterien aber auch andere Lebewesen vorkommen, nur eine gewisse Anzahl geben kann. Diese Anzahl an Individuen nennt man Umweltkapazitätsgrenze. Sie wird bestimmt durch viele Faktoren wie das Nahrungsangebot, die Anzahl natürlicher Feinde oder auch den zur Verfügung stehenden Platz.

Machen wir uns dieses Prinzip einmal in einem Diagramm deutlich. Wir stellen uns einen kleinen Kolben vor. Darin befinden sich 1.000 Bakterien. Sie haben genügend Nahrung und die Temperatur ist auch optimal für die Vermehrung. Allerdings ist der Raum begrenzt, sodass sich die Bakterien nicht unendlich oft verdoppeln können. Es passen maximal 10.000 Bakterien in den Kolben.

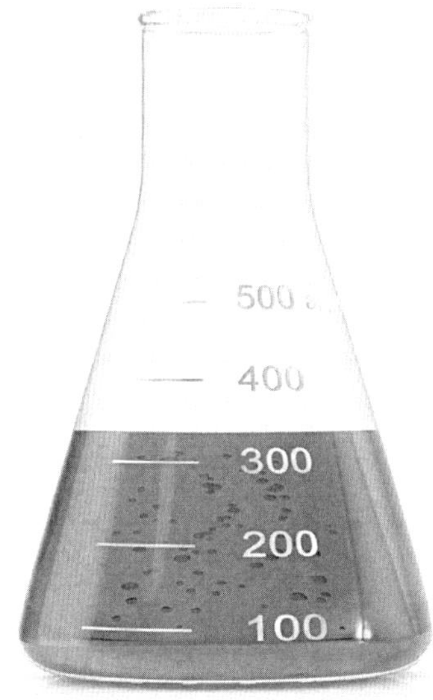

Aufgabe 3:

a. *Beschreibe die im Diagramm abgebildete Kurve. So könnte die Kurve in einem wirklichen Experiment aussehen.*

b. *Zeichne anhand der Wertetabelle eine zweite Kurve in roter Farbe ein und erkläre, weshalb der Kurvenverlauf so nicht aussehen kann.*

c. *Ergänze die Legende des Diagramms.*

Wertetabelle:

Zeitpunkt	Anzahl Bakterien
Startzeitpunkt	1.000
nach 20min	2.000
nach 40min	4.000
nach 60min	8.000
nach 80min	16.000

Lernwerkstatt Viren, Bakterien und Co. – Bestell-Nr. 12 418

Bakterien vermehren sich sehr schnell (Blatt 2 von 2)

Beschreibung: ____

____

____

____

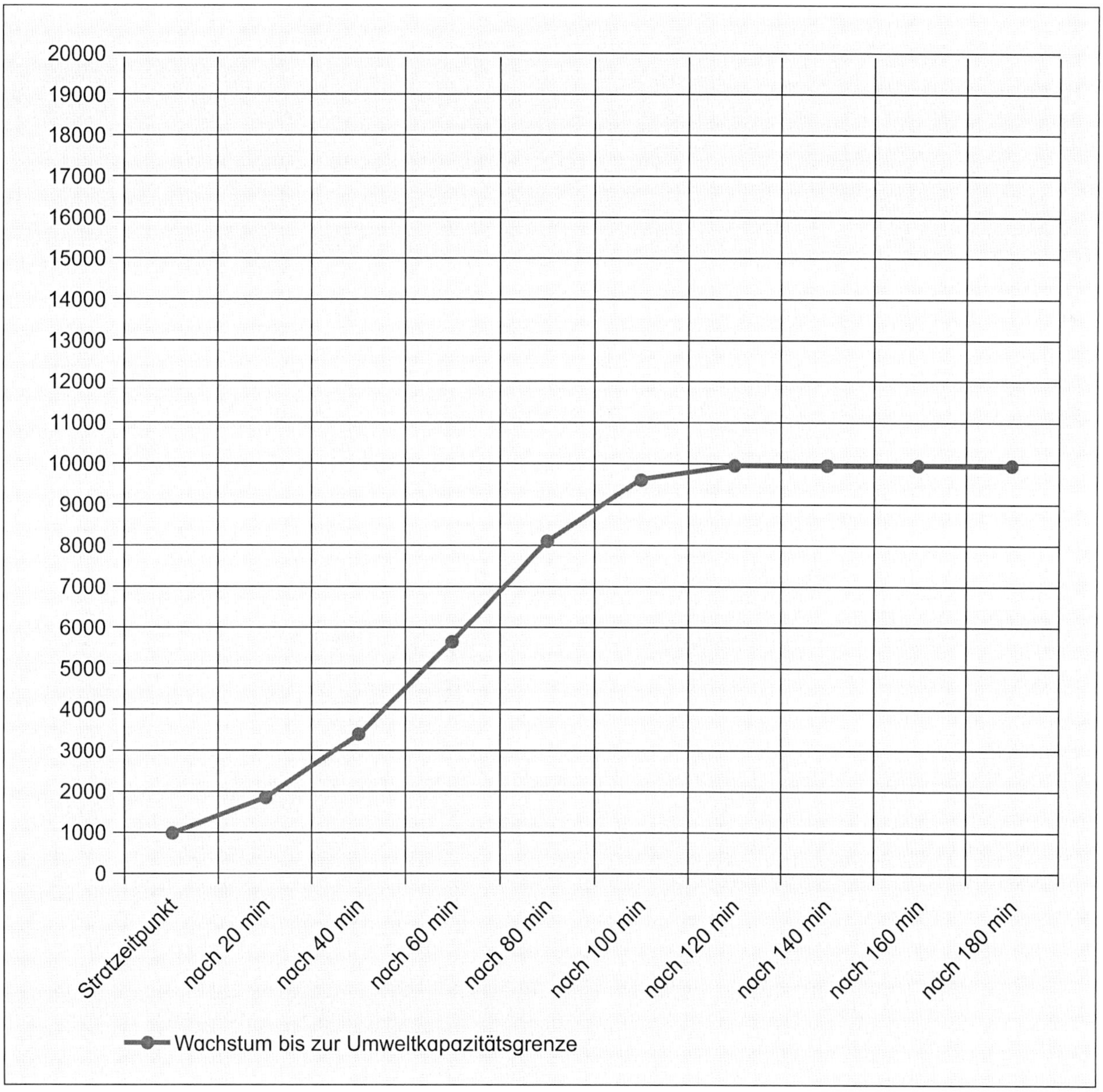

20000
19000
18000
17000
16000
15000
14000
13000
12000
11000
10000
9000
8000
7000
6000
5000
4000
3000
2000
1000
0

Stratzeitpunkt | nach 20 min | nach 40 min | nach 60 min | nach 80 min | nach 100 min | nach 120 min | nach 140 min | nach 160 min | nach 180 min

Wachstum bis zur Umweltkapazitätsgrenze

Erklärung: ____

____

____

Das Pestbakterium

Eine hochgradig ansteckende Infektionskrankheit, die durch ein Bakterium ausgelöst wird, ist die Pest. Sie kann als Beulenpest oder als Lungenpest auftreten. Das pestauslösende Bakterium heißt *Yersinia pestis*. Gelangt es in den menschlichen Körper gibt es Giftstoffe ab, wodurch sich letztlich die typischen bis zu zehn Zentimeter großen Beulen entwickeln. Im weiteren Verlauf befällt es auch die Lunge.

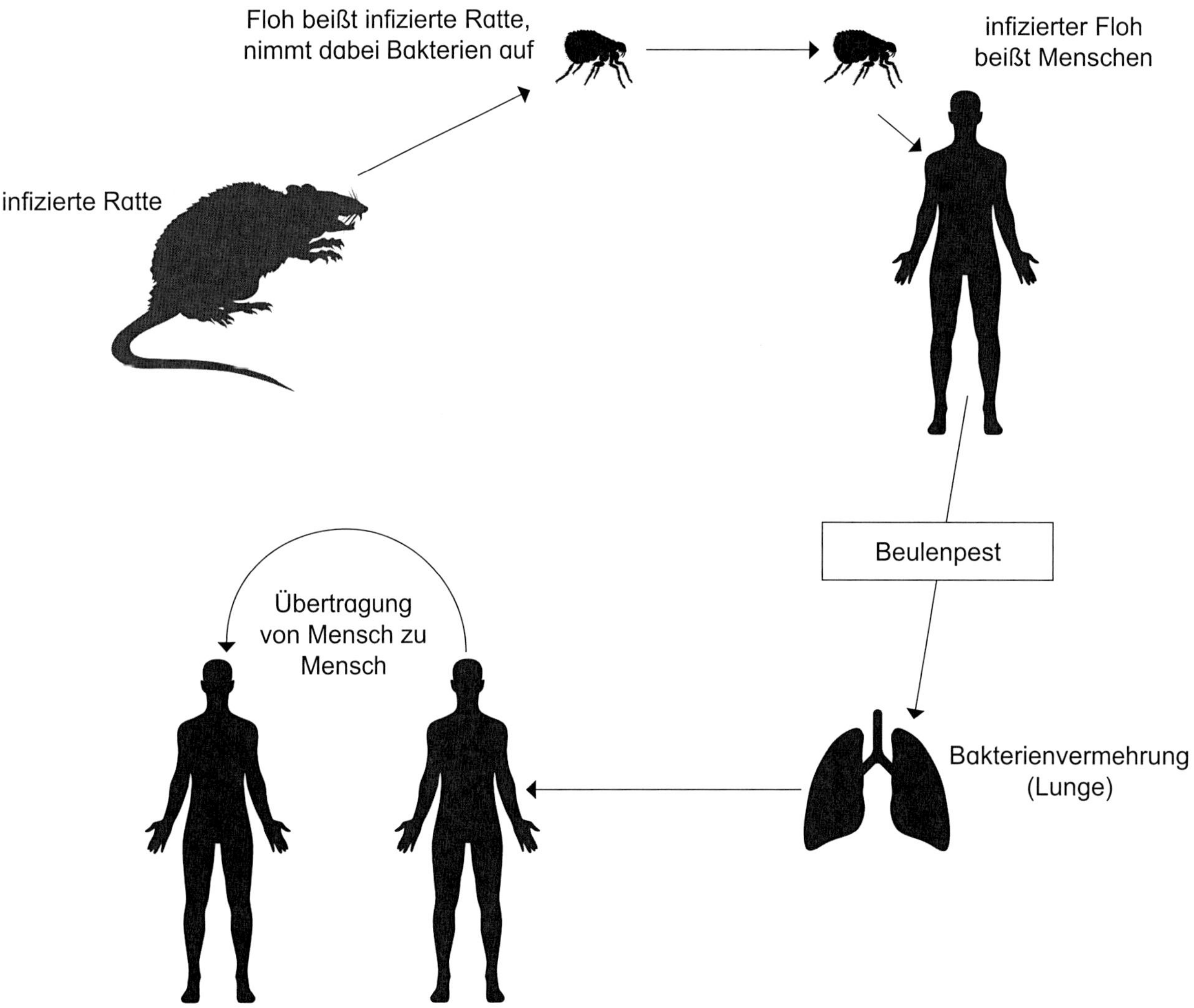

Floh beißt infizierte Ratte, nimmt dabei Bakterien auf

infizierter Floh beißt Menschen

infizierte Ratte

Beulenpest

Übertragung von Mensch zu Mensch

Bakterienvermehrung (Lunge)

<u>Aufgabe 4</u>: *Beschreibe mithilfe der Abbildung den Übertragungsweg des Pestbakteriums.*

____

____

____

____

Lernwerkstatt Viren, Bakterien und Co. – Bestell-Nr. 12 418

Antibiotika

Manche Bakterien können zwar gefährliche Krankheiten auslösen, aber es gibt Medikamente, mit denen wir sie bekämpfen können. Diese Medikamente nennen wir Antibiotika. Eines der ersten Antibiotika war das Penicillin. Es wurde von Alexander Fleming in einem Pilz der Gattung Penicillium entdeckt, daher auch der Name. Der Legende nach soll er eine Petrischale mit einem Bakterium darauf nicht richtig abgewaschen und für einige Tage in seinem Labor liegen gelassen haben. Als er wieder in sein Labor kam, war auf der Petrischale ein Pilz gewachsen. Und um diesen Pilz herum, wuchsen keine Bakterien mehr (s. Abbildung). Diesen Bereich nennt man Hemmhof. Fleming erkannte die Chance dieser Entdeckung und entwickelte daraus eines der wichtigsten Antibiotika.

Antibiotika wirken auf unterschiedliche Weise. Das Penicillin etwa verhindert, dass Bakterien Zellwände neu bilden können. Das bedeutet, dass den Bakterien eine Zellteilung nicht mehr möglich ist. Auf diese Weise sterben mit der Zeit alle Bakterien ab, denn wie wir schon gelernt haben, müssen sich Bakterien ab einer gewissen Größe teilen.

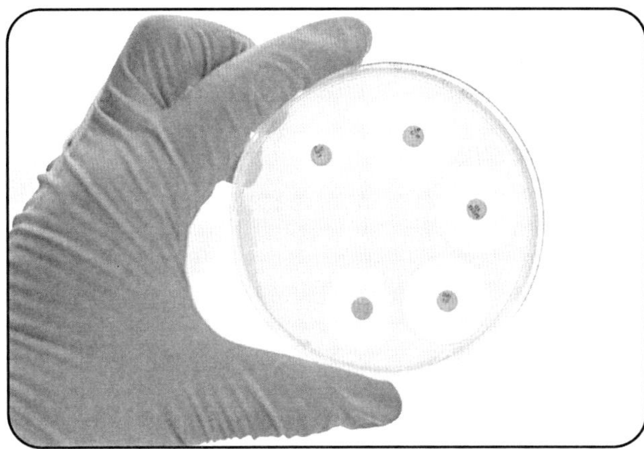

Als Arzt ist es wichtig zu wissen, welches Antibiotikum ein Bakterium besonders gut bekämpft. Dazu führt man so genannte Hemmhoftests durch. Es wird eine Probe der Bakterien entnommen. Sie werden auf so genannten Petrischalen in einem Nährmedium vermehrt. Wenn sie genügend gewachsen sind, gibt man in die Mitte der Petrischale ein Antibiotikum und schaut, ob sich ein Hemmhof entwickelt.

Aufgabe 5:

a. *Werte die drei Hemmhoftests aus.*

b. *Begründe, welches Antibiotikum du als Arzt wählen würdest.*

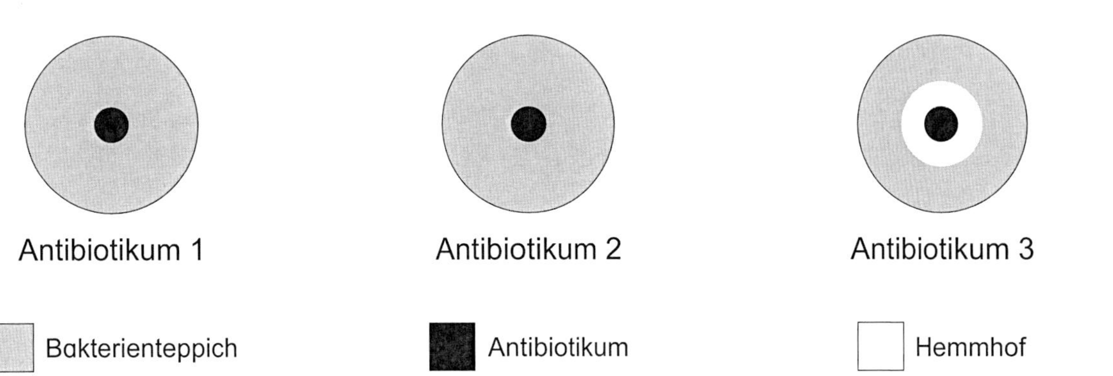

Lernwerkstatt Viren, Bakterien und Co. – Bestell-Nr. 12 418
KOHL VERLAG

1 Bakterien

Resistenzen gegen Antibiotika

Immer wieder liest man, dass Bakterien resistent sind gegenüber Antibiotika. Resistent bedeutet, dass die Antibiotika nicht mehr wirken. Einige Bakterien können beispielsweise einen Stoff produzieren – er wird Penicillinase genannt – der das Penicillin unschädlich macht. Das ist gefährlich, denn dann wirkt das Penicillin nicht mehr und ein anderes Antibiotikum muss genommen werden. Mittlerweile gibt es aber auch Bakterien, die gegen gleich mehrere Antibiotika resistent sind. Man nennt sie multiresistent.

Aber wie entwickeln sich solche Resistenzen überhaupt? Das hat etwas mit Evolution, aber auch uns selbst zu tun. Auch wenn Bakterien sich durch Querteilung vermehren und damit die Tochterzellen genau das gleiche Erbmaterial besitzen wie die Mutterzelle, sind doch nicht alle Tochterzellen völlig gleich. Das nennt man Variabilität. Sie entsteht, weil es manchmal zu Abweichungen im Erbmaterial kommt. Diese Abweichungen nennt man Mutationen. Sie können ungünstig sein für das Bakterium und es stirbt. Sie können aber auch für das Bakterium positive Eigenschaften mit sich bringen – wie eine Resistenz gegenüber einem Antibiotikum.

Aufgabe 6:

a. *Unten siehst du eine Abbildung.*

- **I)** Male in Schritt 1 von den 20 Punkten 19 grün und einen rot aus.
- **II)** Male in Schritt 2 den Punkt rot aus.
- **III)** Male in Schritt 3 alle Punkte rot aus.

b. *Bereite einen einminütigen Kurzvortrag vor, in dem du mithilfe der Abbildung erklärst, wie es zur Ausbreitung resistenter Bakterien kommen kann.*

c. *Begründe, weshalb ein Antibiotikaeinsatz immer gut überlegt sein sollte.*

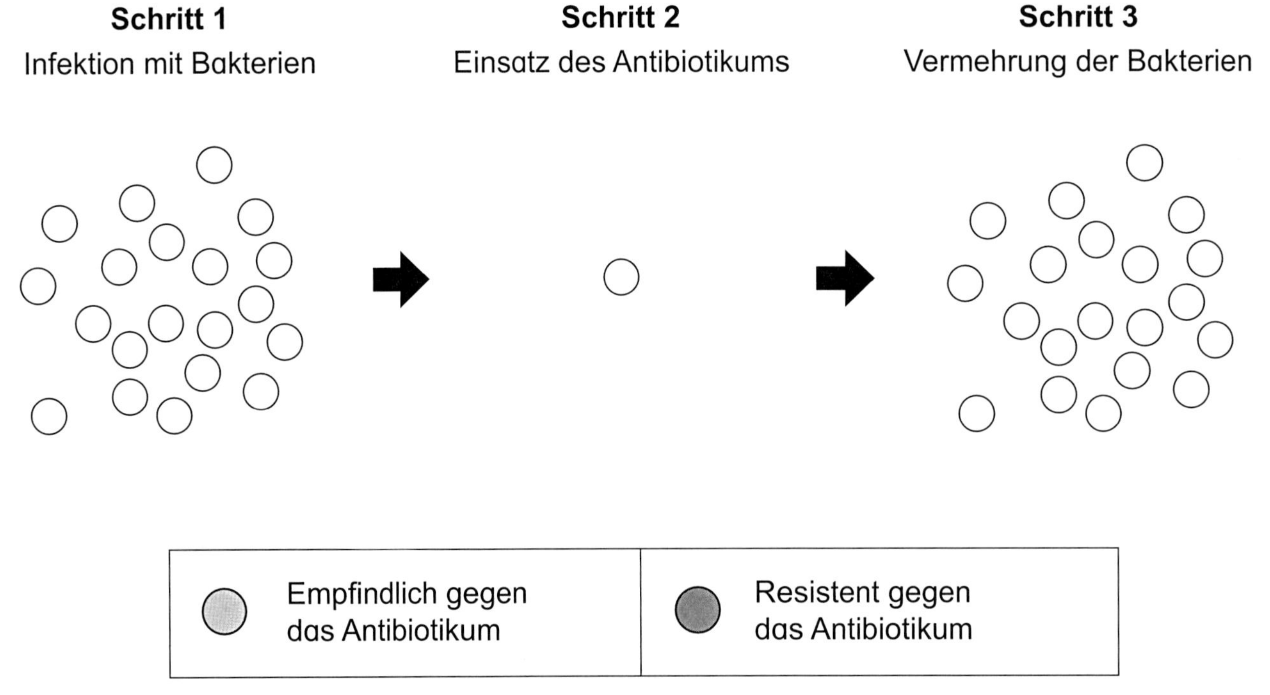

KOHL VERLAG
Lernwerkstatt Viren, Bakterien und Co. – Bestell-Nr. 12 418

Bakterien tauschen Erbinformationen auch aus

Wie wir bereits gelernt haben, enthalten Bakterien neben dem Bakterienchromosom häufig noch weiteres Erbgut in Form von Plasmiden. Auf diesen Plasmiden liegt oft die Erbinformation für Antibiotika-Resistenzen. Das ist deshalb tückisch für uns Menschen, weil Bakterien die Information der Plasmide untereinander weitergeben können.

Aufgabe 7: *Beschreibe mit Hilfe der Abbildung wie die Weitergabe der Erbinformation über Plasmide funktioniert.*

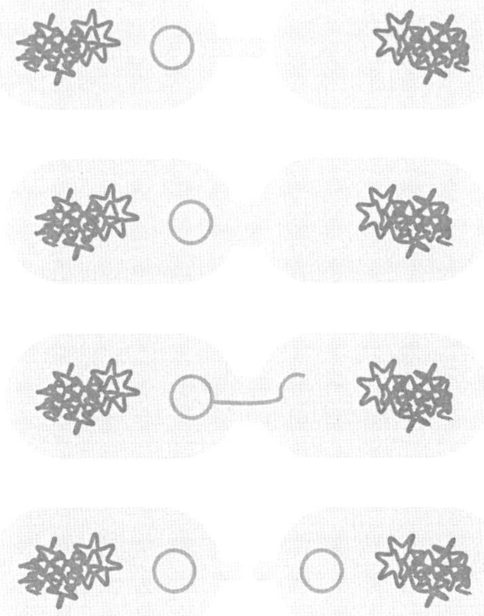

Ausbildung eines Pilus (hohle Röhre)

Bildung einer Zytoplasmabrücke

Verdopplung und Übertragung des Plasmid-Erbguts

Auflösen der Plasmabrücke

Lernwerkstatt Viren, Bakterien und Co. – Bestell-Nr. 12 418

Bakterien – mehr als Krankheitserreger

Aufgabe 8: *Fasse jeweils in einem Satz zusammen, wie sich der Mensch Bakterien zunutze macht.*

Lebensmittel

Bei der Herstellung von Joghurt wandeln Milchsäurebakterien den Milchzucker in Milchsäure um. Die Milchsäure bewirkt, dass das Milcheiweiß ausflockt. Gleichzeitig gibt sie dem Joghurt den typisch säuerlichen Geschmack. Bei der Herstellung von Bier und Wein wandeln Bakterien Zucker in Ethanol (Alkohol) um.

Verdauung

Nicht alles, was wir als Nahrung aufnehmen, kann unser Körper gleich gut verwerten. Vor allem Faserstoffe aus Obst und Gemüse kann unser Verdauungsapparat allein nicht gut verwerten. Dabei helfen uns Bakterien, indem sie die sonst schlecht oder gar nicht verdaulichen Stoffe aufnehmen und in etwas umwandeln, dass für unseren Körper verarbeitbar ist. Die Faserstoffe etwa werden oft in Fettsäuren umgewandelt.

Kläranlagen

In vielen Kläranlagen gibt es eine so genannte biologische Reinigungsstufe. Hier leben viele Millionen Bakterien, die Schmutzpartikel fressen und in ungiftige Stoffe umwandeln. Das geschieht in der Natur in Gewässern ebenfalls, weil in Kläranlagen jedoch optimale Bedingungen für die Bakterien geschaffen werden, funktioniert es hier deutlich schneller.

Medikamentenproduktion

Viele Medikamente werden heute mit Hilfe von Bakterien hergestellt. Ein bekanntes Beispiel dafür ist das Insulin, dass Menschen benötigen, die an Diabetes erkrankt sind. Um Bakterien dazu zu bringen, dass sie Insulin herstellen, wird mithilfe von Gentechnik ihr Erbgut verändert.

Lebensmittel ______________________________

____

Verdauung ______________________________

____

Kläranlagen ______________________________

____

Medikamentenproduktion ______________________________

____

KOHL VERLAG Lernwerkstatt Viren, Bakterien und Co. – Bestell-Nr. 12 418

Teste dich selbst – Bakterien

Teste dich selbst – Bakterien

Aufgabe: *Finde im Suchsel die gesuchten Begriffe und umkreise sie. Sie können senkrecht oder waagerecht und auch rückwärts versteckt sein. Trage sie ebenfalls oben ein.*

Rundliche Bakterien ______________________________

Ringförmiges Erbgut in Bakterien ______________________________

Bereich, in dem um ein Antibiotikum keine Bakterien wachsen ______________________________

Überträger des Pestbakteriums ______________________________

Haupterbgut bei Bakterien BAKTERIEN______________________________

Krankheit, die durch Vibrionen ausgelöst wird ______________________________

Röhre zum Tausch von Erbgut bei Bakterien ______________________________

Entdecker des Penicillins (Nachname) ______________________________

G	T	V	G	H	G	N	I	M	E	L	F	O	P	I	L	K	J	K	L
K	F	A	G	Y	D	R	B	J	U	T	H	J	X	D	H	W	X	S	Q
V	L	X	T	G	R	H	Z	Q	G	S	D	K	C	T	E	D	C	E	W
C	O	C	H	F	E	V	E	E	A	A	P	H	B	F	M	B	B	D	E
D	H	B	J	M	W	V	R	T	V	F	K	E	Q	X	M	V	Q	R	F
F	V	Q	K	O	Q	C	G	J	A	S	F	T	W	A	H	G	W	J	T
U	V	Z	L	S	A	F	X	N	Q	S	Y	J	V	D	O	T	V		B
D	C	V	L	O	J	D	Y	D	B	S	T	U	I	D	F	H	I	V	X
W	F	I	Ö	M	O	S	K	O	K	K	E	N	U	G	V	N	U	V	D
P	D	U	E	O	P	Q	B	S	D	V	V	Q	T	K	G	J	T	V	U
T	S	T	R	R	R	I	O	Q	Q	F	R	A	R	Ö	V	U	R		I
Z	Q	R	T	H	H	Q	S	A	Ü	G	Ä	G	F	Ö	V	I	F	B	O
U	J	F	Z	C	G	F	N	P	S	F	Z	O	D	J	C	K	D	T	D
D	J	D	U	G	P	G	S	O	V	Z	K	Ü	S	F	F	M	S	O	S
S	M	S	B	P	G	G	M	C	H	O	L	E	R	A	D	O	L	E	W
V	M	B	I	Q	W	G	Z	U	F	R	J	I	N	Q	S	P	K	E	F
N	O	Z	W	E	C	V	H	I	L	K	Q	V	B	M	Q	I	J	T	G
M	G	T	E	D	V	B	N	O	P	Ü	W	E	F	R	N	L	H	Z	H
P	D	I	M	S	A	L	P	X	F	J	I	W	F	S	R	U	G	P	J
F	Z	H	U	I	O	Ü	B	F	S	Q	W	S	E	F	F	S	Q	A	L

KOHL VERLAG
Lernwerkstatt Viren, Bakterien und Co. – Bestell-Nr. 12 418

Viren

Typischer Aufbau eines Virus

Viren sind im Grunde recht einfach aufgebaut. Die meisten bestehen aus dem **Erbgut**, das von einer Hülle umgeben ist, die man **Kapsid** nennt. Das Kapsid ist umgeben von einer **Membran**, auf der sogenannte **Oberflächenproteine (x2)** liegen.

Aufgabe 1: *Benenne die Bestandteile eines Virus in der Abbildung mit den im Text hervorgehobenen Fachbegriffen.*

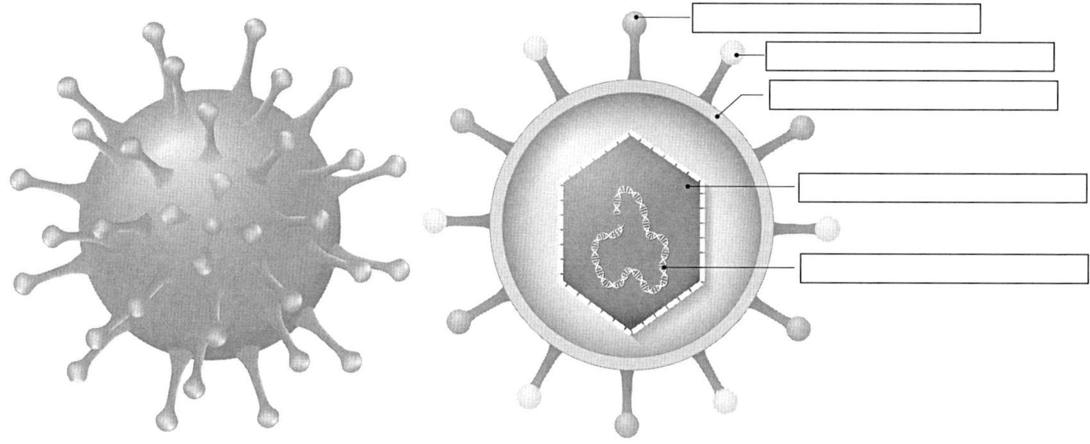

Viren können jedoch auch andere Formen haben, wie die folgenden Beispiele zeigen.

Der Tabakmosaikvirus	**Adenoviren**
Ist eine Pflanze mit diesem röhrenförmigen Virus infiziert, dann ist das meist an den namensgebenden, mosaikartigen Flecken auf den Blättern zu erkennen. Der Virus hemmt insgesamt das Wachstum der Pflanze. Da er neben Tabak- auch Tomaten- und Paprikapflanzen befällt, sorgt er für Einbußen in der Landwirtschaft.	Adenoviren haben eine ikosaedrische Form (d.h. die Oberfläche besteht aus 20 zusammengesetzten Dreiecken). Sie verursachen hauptsächlich Atemwegserkrankungen wie Erkältungen, Bronchitis, aber auch Lungenentzündungen können Folge einer Infektion mit Adenoviren sein.

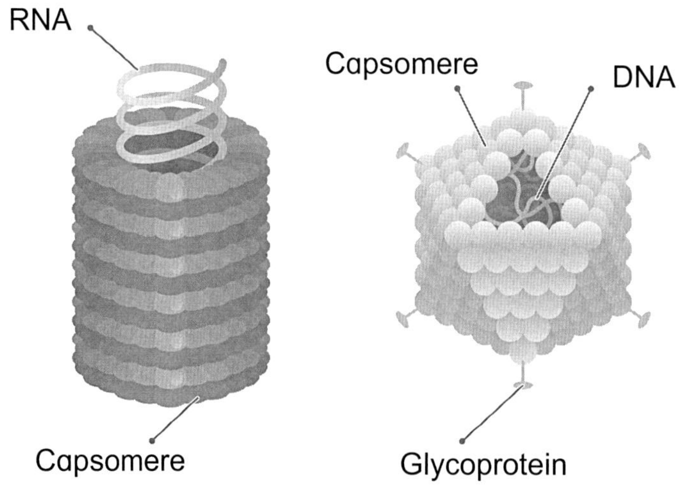

KOHL VERLAG Lernwerkstatt Viren, Bakterien und Co. – Bestell-Nr. 12 418

Viren – leblose Lebewesen?

„Die leblosen Lebewesen“ lautete einmal die Überschrift eines Artikels in einer Zeitschrift. Was zunächst einmal sehr merkwürdig klingt – wie soll etwas Lebloses denn leben? – wird deutlich, wenn man anschaut wie Viren sich vermehren.

Das Influenza-Virus zum Beispiel, das die Grippe auslöst, gelangt in unseren Nasen- und Rachenraum. Dort verbindet es sich mit Hilfe seiner Oberflächenproteine mit den Zellen der Nasenschleimhaut. Nachdem die Verbindung hergestellt ist, gelangt es in die Zelle. Dort wird das Viren-Erbgut freigesetzt und die Schleimhautzelle damit so „umprogrammiert“, dass sie fortan neue Viruspartikel, die man auch Virionen nennt, produziert. Diese Virionen werden wieder freigesetzt und befallen entweder weitere Schleimhautzellen oder werden beim Niesen ausgestoßen und können so auf die Schleimhäute anderer Menschen gelangen.

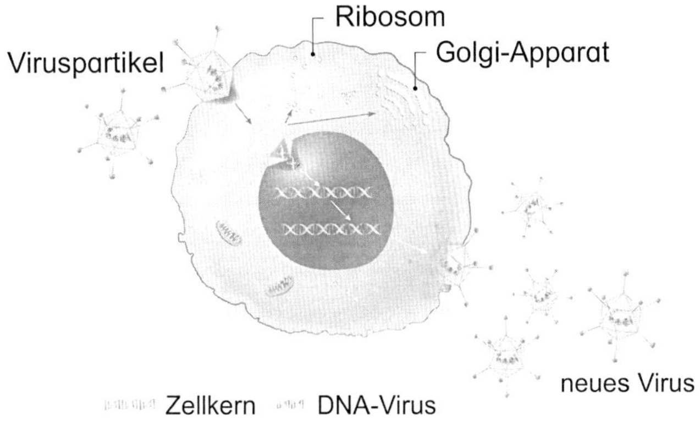

Allein kann ein Virus sich nicht vermehren, es benötigt dafür eine so genannte Wirtszelle. Im Fall des Influenza-Virus ist das eben eine Nasenschleimhautzelle. Der HI-Virus, der Auslöser von AIDS, nutzt Zellen unseres Immunsystems; der Zika-Virus, der bei infizierten Schwangeren für Missbildungen des Fötus sorgen kann, vermehrt sich in Haut- und Nervenzellen.

Virusreplikation

Aufgabe 2:

a. *Vergleiche die folgenden fünf Kennzeichen des Lebendigen mit der Lebensweise eines Virus und erkläre damit, weshalb Viren keine Lebewesen sind.*

b. *Überlege wieso der Autor von „leblosen Lebewesen“ spricht.*

Reizbarkeit:	Die Fähigkeit, Reize von außen aufzunehmen und zu verarbeiten.
Stoffwechsel:	Die Fähigkeit, z.B. Nahrung aufzunehmen, umzuwandeln und Teile wieder auszuscheiden.
Wachstum und Entwicklung:	Die Fähigkeit, an Größe und Gewicht zuzunehmen.
Fortpflanzung und Vererbung:	Die Fähigkeit, sich selbständig fortzupflanzen und Nachkommen zu erzeugen.
Bewegung:	Die Fähigkeit, sich als Ganzes oder zumindest einzelne Teile in der Position zu verändern.

KOHL VERLAG Lernwerkstatt Viren, Bakterien und Co. – Bestell-Nr. 12 418

Das Coronavirus SARS-CoV-2

Im Jahr 2019 wurde in Wuhan, einer Stadt in der Volksrepublik China erstmals das Coronavirus SARS-CoV-2 sowie die Krankheit, die durch dieses ausgelöst wird (COVID-19), beschrieben. Man geht davon aus, dass es sich bei dem Virus um eine Zoonose, also eine von Tieren auf den Menschen übertragene Virusinfektion, handelt. COVID-19 breitete sich innerhalb weniger Monate in der ganzen Welt aus. Von Mensch zu Mensch übertragen wird das Virus dabei überwiegend über die so genannte Tröpfcheninfektion. Dabei gelangen durch Niesen und Husten Erreger zusammen mit Schleimpartikeln in die Luft und werden von anderen Personen eingeatmet. Auch eine Übertragung durch Schmierinfektion soll möglich sein. Von einer Schmierinfektion spricht man, wenn Erreger bei Körperkontakt, z.B. durch Händeschütteln oder durch Anfassen von mit Viren bedeckten Oberflächen (etwa Türgriffe, Treppengeländer) übertragen werden.

Nach einer Infektion mit dem Virus erfolgt meist eine zweiwöchige Zeit ohne dass Symptome auftreten – die so genannte Inkubationszeit. Ist diese vorbei, treten Fieber, trockener Husten, Muskel- und Gliederschmerzen auf. Erkrankt man schwer an COVID-19 können Lungenentzündungen auftreten. Zudem können Geruchs- und Geschmackssinn vorüberhegend verloren gehen.

Um die Ausbreitung zu verhindern, sollte man Abstand zu anderen Menschen halten (1,5m - 2m). Wichtig ist auch die so genannte Niesetikette einzuhalten. Das bedeutet, man niest und hustet in die Ellenbeuge. Gründliches Händewaschen mit Seife und für rund 30 Sekunden verringert ebenso das Risiko einer Ansteckung.

Aufgabe 3: *Erstelle mithilfe des Textes eine mindmap zum Thema Coronavirus. Nutze die gegebene Vorlage. Ergänze wo es nötig ist neben den gestrichelten Linien weitere um alle Unterpunkte strukturiert aufführen zu können.*

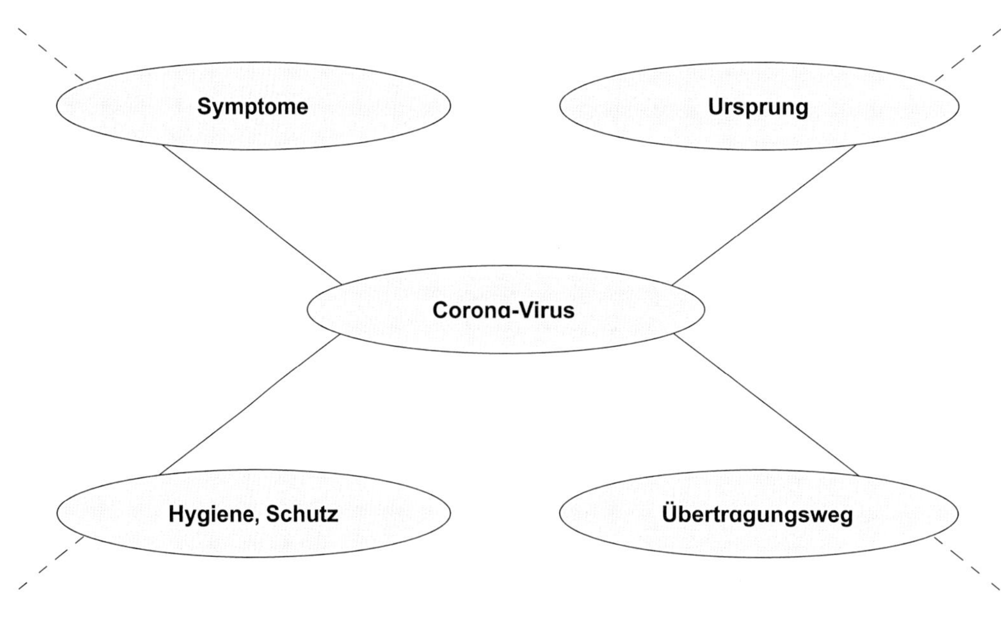

KOHL VERLAG Lernwerkstatt Viren, Bakterien und Co. – Bestell-Nr. 12 418

#flattenthecurve // Die Kurve abflachen! – Wozu ist das gut? (Blatt 1 von 2)

Zu Beginn des Jahres 2020 wurden in Deutschland und in anderen Ländern viele Versionen ein und derselben Grafik verbreitet. Oft unter dem Hashtag #flattenthecurve – was übersetzt etwa „die Kurve abflachen" bedeutet. Damit wurden die Menschen aufgerufen, nicht mehr aus dem Haus zu gehen. Besuche in Altersheimen und anderen Einrichtungen wurden verboten. Es sollte so verhindert werden, dass zu viele Menschen gleichzeitig am Coronavirus erkranken, weil sonst eventuell zu wenig Betten, Pflegepersonal und Ärzte in den Krankenhäusern vorhanden wären. Wenn allerdings die gleiche Anzahl Erkrankter über einen längeren Zeitraum verteilt ins Krankenhaus kämen, gäbe es keine Probleme in der Versorgung.

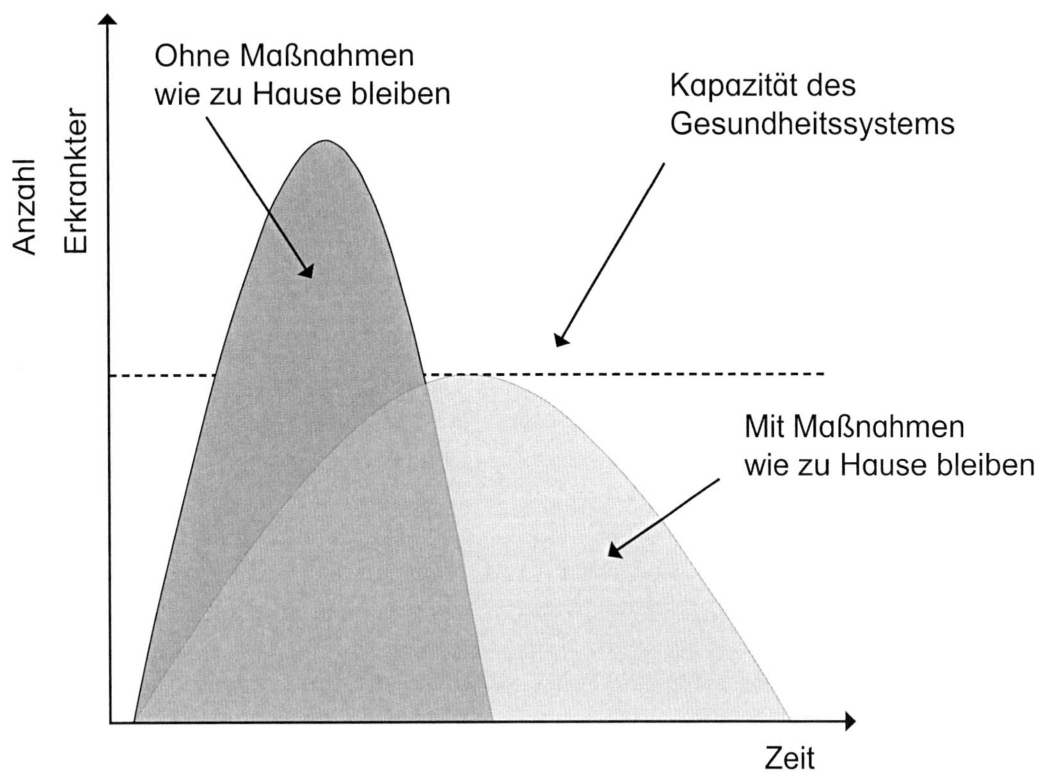

Um die Grafik und die dahinter liegende Idee besser zu verstehen, erstellen wir uns ein Diagramm als Denkmodell. Stellen wir uns eine Stadt vor, in der 100 Personen erkranken. Das örtliche Krankenhaus hat jedoch nur 20 Betten.

Aufgabe 4:

a. *Zeichne eine gestrichelte Linie parallel zur x-Achse beim Wert 20 auf der y-Achse. Beschrifte sie mit „Betten im Krankenhaus".*

b. *Nutze die Wertetabelle, um für die jeweilige Woche so viele Kästchen zur Hälfte in rot bzw. grün auszumalen, wie gerade Erkrankte im Krankenhaus sind (für Woche 1 und 2 ist es beispielhaft gezeigt).*

c. *Verbinde die Spitzen der roten bzw. grünen Kästchenstapel mit einer schwarzen Linie.*

d. *Beschreibe das von dir erstellte Diagramm.*

Lernwerkstatt Viren, Bakterien und Co. – Bestell-Nr. 12 418

2 Viren

Wertetabelle (Blatt 2 von 2)

Woche	1	2	3	4	5	6	7	8	9	10	11	12	13	14	15	16	17	18	19	20
Erkrankte zeitgleich ohne Maßnahmen	1	2	4	8	16	38	16	8	4	2	1	0	0	0	0	0	0	0	0	0
Erkrankte zeitgleich mit Maßnahmen	1	1	2	2	3	3	6	10	12	20	12	10	6	3	3	2	2	1	1	0

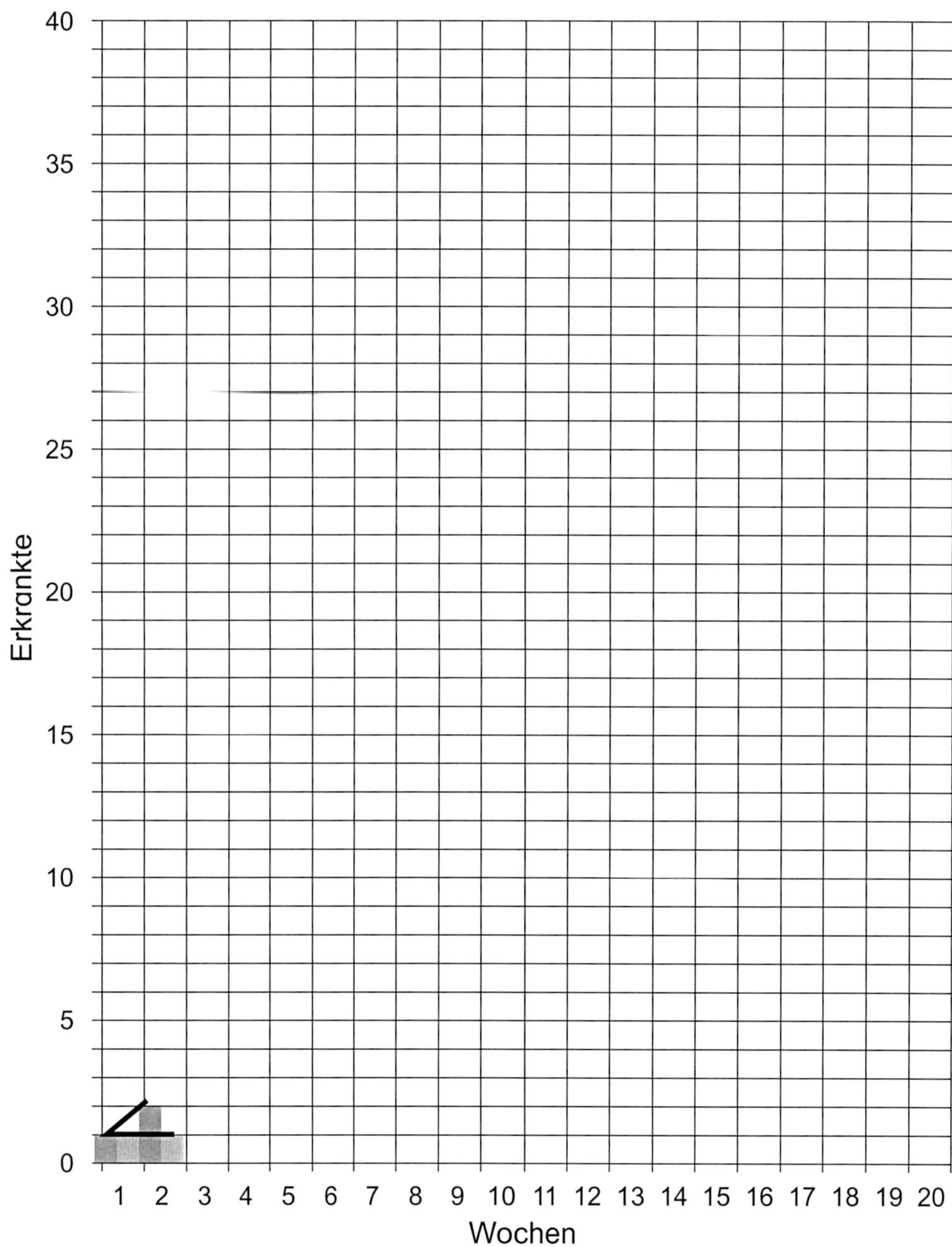

Beschreibung: ____

____

____

KOHL VERLAG Lernwerkstatt Viren, Bakterien und Co. – Bestell-Nr. 12 418

AIDS/HIV

AIDS ist eine Abkürzung und steht für Acquired Immune Deficiency Syndrome. Das bedeutet übersetzt etwa „Erworbenes Immunschwäche Syndrom". Gemeint ist damit eine Kombination von Symptomen, die beim Menschen auftreten, wenn sie sich mit dem „Humanen Immundefizienz-Virus", kurz HIV, infiziert haben. Das HI-Virus nutzt nämlich Zellen des Immunsystems als Wirtszellen und schwächt es somit ganz erheblich. So können Krankheiten, die das Immunsystem sonst leicht abwehren würde, zu schweren Erkrankungen und sogar bis zum Tod führen.

Aufgabe 5: *Im Folgenden siehst du symbolisch verschiedene Situationen dargestellt. Überlege, ob jeweils eine Übertragung von HI-Viren erfolgen kann oder nicht.*

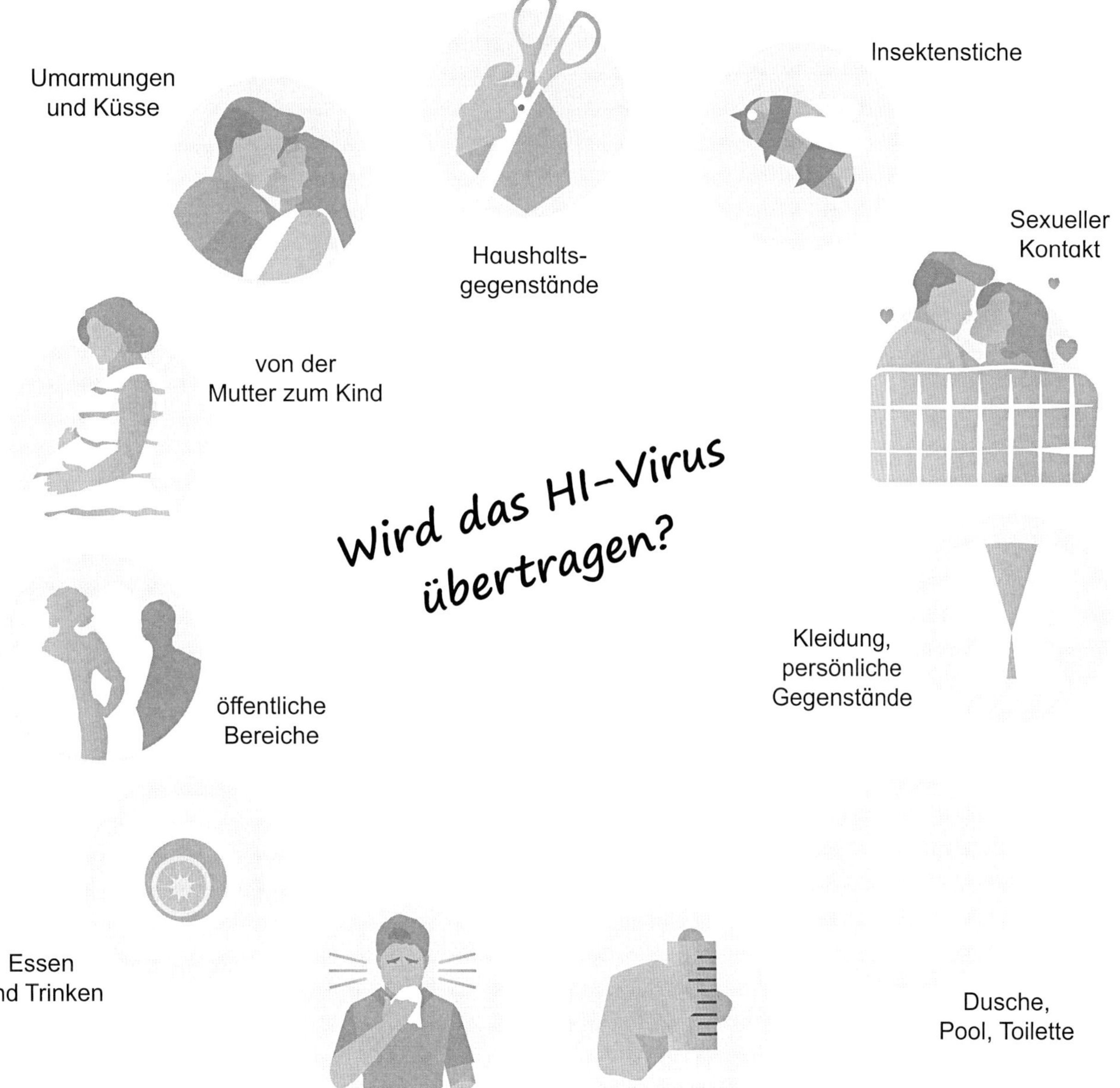

KOHL VERLAG Lernwerkstatt Viren, Bakterien und Co. – Bestell-Nr. 12 418

Teste dich selbst – Viren

Aufgabe: **a.** *Beantworte die Fragen.*
b. *Trage die Antworten unten in das Kreuzworträtsel ein und notiere das Lösungswort.*

1. Wie heißt die Hülle um das Virenerbgut? ______________________

2. Wie nennt man die Viren, deren Oberflächen aus Dreiecken bestehen? ______________________

3. Wenn Viren durch Niesen oder Husten übertragen werden, bezeichnet man dies als … infektion. ______________________

4. Die Zellen, in denen Viren sich vermehren nennt man … ______________________

5. Wie lautet der Fachbegriff für die Zeit ohne Symptome bis eine Krankheit ausbricht? ______________________

6. Um das Risiko einer Infektion zu verringern sollte man regelmäßig gründlich … ______________________

7. Auch wenn Viren sich durch die Luft bewegen und Erbgut besitzen – es sind keine … ______________________

1 2 3 6 5 4 7

Ä=Ä

KOHL VERLAG Lernwerkstatt Viren, Bakterien und Co. – Bestell-Nr. 12 418

Bakteriophagen 3

Viren befallen auch Bakterien – die Bakteriophagen

Nicht nur Tiere und Pflanzen können von Viren befallen werden, sondern auch Bakterien. Viren, die Bakterien befallen, nennt man Bakteriophagen oder einfach kurz: Phagen. Sie bestehen aus einem Kopfteil, in dem das Erbgut liegt und einem Schwanzteil, der in Scheide und Fasern unterteilt ist.

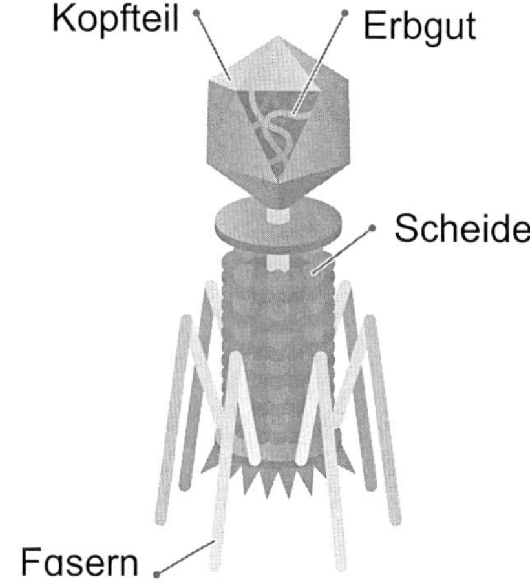

Phagen können sich auf zwei Arten vermehren. Man unterscheidet bei ihnen zwischen dem lytischen und dem lysogenen Lebenszyklus. Die Abbildung zeigt den lytischen Zyklus.

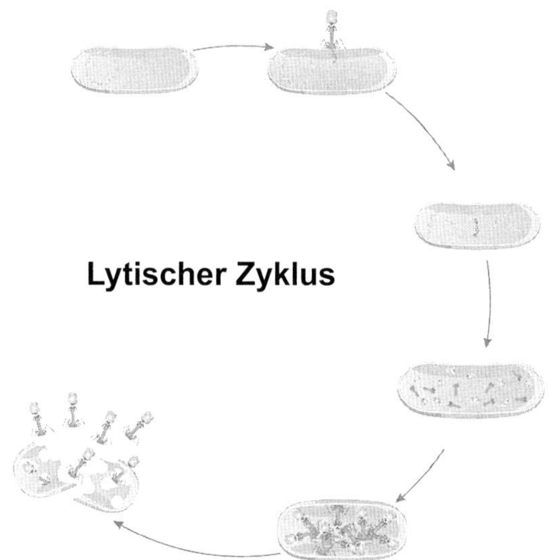

Der lysogene Lebenszyklus funktioniert zunächst genau so. Der Phage injiziert sein Erbgut in die Bakterienzelle. Doch anstatt, dass nun die Reproduktion neuer Phagen beginnt, wird das Erbgut in das Bakterienerbgut eingebaut. Man bezeichnet den Phagen in diesem Zustand als Prophage. Bei jeder Teilung des Bakteriums wird das Phagenerbgut nun mit an die Tochterzellen weitergegeben. Der Prophage kann jederzeit aktiv werden und dann tritt der lytische Lebenszyklus in Kraft. Wann das passiert und welcher Lebenszyklus eingeschlagen wird, ist von Umwelteinflüssen abhägig.

Aufgabe 1: *Erstelle eine Skizze des lysogenen Lebenszyklus eines Phagen. Beginne wie in der Abbildung zum lytischen Zyklus. In deiner Zeichnung muss mindestens eine Bakterienteilung zu sehen sein.*

Lernwerkstatt Viren, Bakterien und Co. – Bestell-Nr. 12 418

3 Bakteriophagen

Phagen als Medikamente

Schon kurz nach Entdeckung der Phagen zu Beginn des 20. Jahrhunderts hatte man die Idee sie als Mittel gegen durch Bakterien verursachte Krankheiten anzuwenden. Dazu wurden im Laufe der Jahre viele verschiedene Phagen gesammelt und auf Ihre Wirksamkeit hin getestet. Und tatsächlich können Phagen bei einigen Erkrankungen erfolgreich zur Heilung eingesetzt werden. Dabei hat diese Phagentherapie einige Vorteile. Beinahe alle natürlich vorkommenden Bakterien werden von Phagen befallen, sodass letztlich nur die richtige Phage gefunden werden muss. Zudem greifen Phagen nur eine Art von Bakterien an und lassen die anderen – nützlichen – in unserem Körper in Ruhe. Dadurch gibt es weniger Nebenwirkungen als bei anderen Medikamenten. Allergien gegen Phagen sind auch keine bekannt. Darüber hinaus können Phagen die Bakterien in jeder Phase des Bakterienlebenszyklus zerstören und nicht wie Antibiotika bspw. nur bei der Zellteilung. Sind alle Bakterien zerstört, können sich die Phagen auch nicht weiter vermehren, sie zerfallen und werden vom Körper abgebaut.

Allerdings hat die Phagentherapie auch Einschränkungen. Die befallenen Bakterien können resistent werden gegenüber den Phagen, sodass sie die Bakterien nicht mehr befallen können. Zudem kann es dauern bis der richtige Phagentyp gefunden wurde um die Behandlung zu beginnen. Auch unser Immunsystem erkennt die Phagen als Fremdkörper und bekämpft sie. Forscher gehen daher davon aus, dass man kein zweites Mal mit den gleichen Phagen behandelt werden kann.

Aufgabe 2: **a.** *Stelle die Vor- und Nachteile des Einsatzes von Bakteriophagen als Medikament in Stichpunkten tabellarisch dar.*

Vorteile	Nachteile

b. *Einige Menschen haben Bedenken gegenüber der Therapie mit Phagen, weil ihnen Viren injiziert werden. Nimm Stellung zu diesen Bedenken.*

Lernwerkstatt Viren, Bakterien und Co. – Bestell-Nr. 12 418

Pilze – Vielfältige Lebewesen

Wir haben schon gelernt, dass Pilze bei der Entwicklung von Antibiotika helfen können. Im Alltag kennen wir sie vor allem als Nahrungsmittel. Dabei ist das, was wir als Pilz bezeichnen und im Supermarkt abgepackt kaufen können, eigentlich nur ein bestimmter Teil des Pilzorganismus. In der Abbildung sieht man Champignons. Sie gehören zu den Hutpilzen. Deutlich zu erkennen sind Hut und Ständer. In der Erde aber sitzt noch ein ganz entscheidender Teil des Pilzes, den man Myzel nennt. Diese geflechtartige Struktur besteht wiederum aus einzelnen, fädigen Hyphen und kann sich in Waldböden über viele Hektar erstrecken. Hut und Stiel sind lediglich die Fortpflanzungsorgane des Pilzes. Darin werden Sporen gebildet mit denen sich Pilze fortpflanzen.

Während Hutpilze oft mit bloßem Auge erkennbar sind, gibt es unter den Pilzen auch viele mikroskopisch kleine Arten. Der Pinselschimmel Penicillium, dem wir das Penicillin zu verdanken haben, gehört dazu. Die unten in der Abbildung zu erkennenden, sogenannten Sporenträger sind nur einige Dutzend bis wenige hundert Mikrometer groß. Das ist in etwa so viel wie der Durchmesser eines menschlichen Haares beträgt.

Pilze und Sporen

Doch gleich wie groß oder klein die Pilze sind, sie erfüllen in der Natur viele wichtige Aufgaben. Viele Pflanzen könnten ohne Pilze nicht so effizient wachsen und gedeihen. Sie leben in Gemeinschaft mit ihnen. Da dies für beide Seiten von Vorteil ist, nennt man dieses Zusammenleben auch <u>Symbiose</u>. Ein Beispiel dafür sind so genannte Mykorrhiza-Pilze, die um die Wurzeln von Pflanzen leben. Die Pflanze stellt den Pilzen Nährstoffe aus der Photosynthese zur Verfügung und die Pilze liefern dafür Mineralien und Wasser.

Pilze helfen auch dabei, abgestorbenes organisches Material zu beseitigen. Viele Pilze wachsen zum Beispiel auf totem Holz und ernähren sich davon. Dabei geben sie Mineralien an den Boden ab, die Pflanzen dann wieder nutzen können. Sie gehören daher zu den Destruenten. Pilze sind also wichtig im Kreislauf von Werden und Vergehen.

Aber Pilze können bei Pflanzen auch Krankheiten auslösen. Der sogenannte Apfelschorf beispielsweise befällt Apfelbäume. Charakteristisch sind dunkle Flecken an den Früchten. Man kann die Äpfel noch verzehren, aber die Schorfstellen können für andere Pilze, welche zum Faulen des Apfels führen, eine Eintrittspforte schaffen. Der Apfelschorf wird von Obstbauern durch Einsatz von Pilzvernichtungsmitteln bekämpft.

Sporenträger

Als Krankheitsverursacher im Obst- und Gemüseanbau sind Pilze dem Menschen eher lästig, aber der Mensch macht sich Pilze auch zunutze. So nutzt er die Bäckerhefe als Backtriebmittel. Die Hefe verstoffwechselt beim Kuchenbacken den Zucker im Teig, wobei das Gas Kohlenstoffdioxid entsteht, wodurch wiederum Poren im Teig entstehen – er wird „luftiger“.

Edelschimmel oder Blauschimmel gibt manchen Käsesorten wie Camembert oder Roquefort erst seinen typischen Geschmack. Bestimmte Pilze werden auch zur Herstellung von Soja-Sauce benutzt.

Lernwerkstatt Viren, Bakterien und Co. – Bestell-Nr. 12 418

Pilze

Aufgabe 1: **a.** *Beantworte die Fragen.*
b. *Trage die Antworten unten in das Kreuzworträtsel ein und notiere das Lösungswort.*

1. Welche Struktur bildet bei Hutpilzen neben dem Hut das Fortpflanzungsorgan? ______________________
2. Wie nennt man das meist unterirdische Geflecht der Pilze? ______________________
3. Penicillin verdanken wir einem Pilz aus der Gruppe der… ______________________
4. Wie heißen die Pilze, die in Symbiose mit Baumwurzeln leben? ______________________
5. Nenne ein Gas, das von der Bäckerhefe gebildet wird. ______________________
6. Wie bezeichnet man Lebewesen, die abgestorbene Organismen abbauen? ______________________
7. Welche Pilzart verleiht manchen Käsen neben Edelschimmel seinen typischen Geschmack? ______________________

Lösungwort

1, 2, 3, 4, 5, 6, 7

KOHL VERLAG Lernwerkstatt Viren, Bakterien und Co. – Bestell-Nr. 12 418

Pilze als Krankheitserreger beim Menschen – der Fußpilz

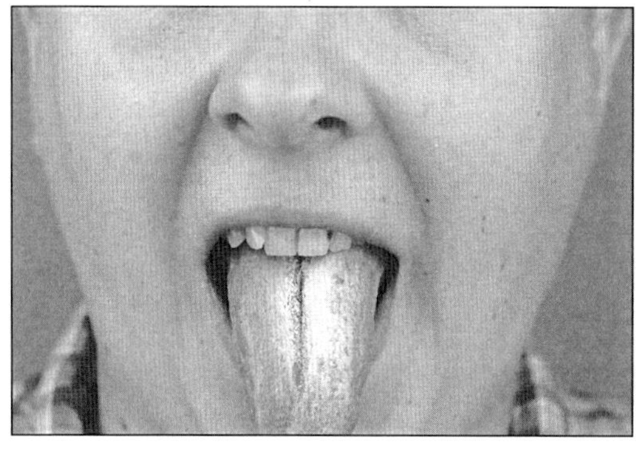

Pilze können nicht nur bei Pflanzen Krankheiten hervorrufen, sondern auch beim Menschen. Einige Pilze leben ständig auf unserer Haut und unseren Schleimhäuten – beispielweise solche der Gattung Candida. Im Normalfall wird ihr Wachstum durch andere Mikroorganismen, nützlichen Bakterien zum Beispiel und unser Immunsystem begrenzt. Wenn unser Immunsystem jedoch geschwächt ist, können sich die Pilze unter Umständen stark vermehren und im Körper ausbreiten. Solch eine Vermehrung macht sich zum Beispiel als so genannter Soor bemerkbar. Dabei findet die Vermehrung des Pilzes vor allem im Rachenraum und auf der Zunge statt.

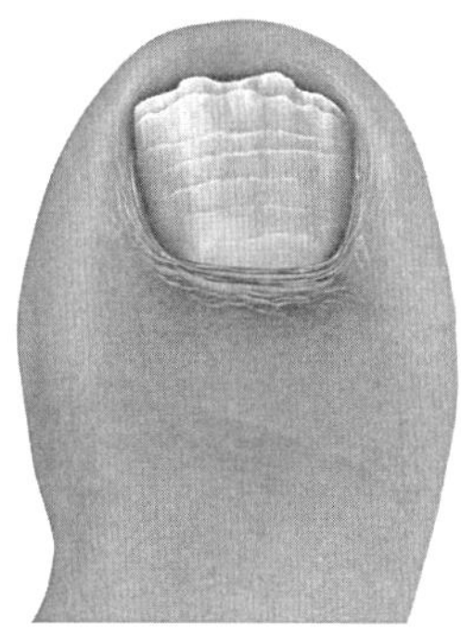

Ein anderer Pilz, der eine Erkrankung hervorruft, ist *Trichophyton rubrum*. Er löst beim Menschen den so genannten Fuß- oder Nagelpilz aus. Besonders gut verbreitet er sich überall dort, wo es feucht und warm ist. Denn an solchen Orten können die Sporen besonders lange überleben. Aus diesem Grund infizieren sich Menschen oft in Schwimmbädern. Insbesondere dann, wenn man barfuß geht, können die Sporen leicht auf die Haut gelangen. Bleibt die Haut an den Füßen auch nach dem Duschen für eine längere Zeit feucht und warm, erhöht dies noch die Wahrscheinlichkeit, an Fußpilz zu erkranken.

Aufgabe 2: *Entwickle mit Hilfe des Informationstextes zwei Maßnahmen um das Risiko einer Ansteckung oder Erkrankung mit Fußpilz zu senken und trage sie in Form von Aufforderungen in die Sprechblasen ein.*

KOHL VERLAG Lernwerkstatt Viren, Bakterien und Co. – Bestell-Nr. 12 418

4 Pilze

Pilze als Krankheitserreger beim Menschen – Mutterkorn und Schimmel

Der Mutterkornpilz ist ein Pflanzenparasit, der auf verschiedenen Getreidesorten wächst. Gelangen seine Sporen auf eine Getreideblüte, keimen sie dort und der Pilz durchwuchert mit seinem Myzel die Pflanze. Ein paar Monate lang bildet er nun neue Sporen aus, die von Insekten auf andere Pflanzen verteilt werden. So kann sich der Pilz in einem Getreidefeld stark verbreiten. Dadurch schadet er dem Menschen, weil die Ernte deutlich geringer ausfällt. Viel gefährlicher ist allerdings noch eine andere Eigenschaft des Pilzes. Um den Winter mit Kälte und Trockenheit zu überdauern bildet er sogenannte Sklerotien aus. Diese Dauerformen sind einige Zentimeter lang, dunkel-violett bis schwarz und ragen aus der Ähre heraus. Sie enthalten verschiedene Giftstoffe. Werden die Sklerotien nicht vor dem Mahlen des Getreides abgetrennt, gelangen die Giftstoffe in das Mehl und können beim Menschen schwere Vergiftungserscheinungen (Durchfall, Erbrechen, Kribbeln der gesamten Haut) bis hin zum Tod auslösen. Vor allem im Mittelalter, aber auch noch – wenngleich selten – im 20. Jahrhundert kam es immer wieder zu Vergiftungen. Heute werden die Mutterkörner spätestens in den Mühlen vor dem Mahlen abgetrennt. Meist bekämpft jedoch der Landwirt bereits die Pilze um seine Ernte vor einem Befall zu schützen.

Wir haben schon gelernt, dass Schimmelpilze Antibiotika produzieren oder Käse verfeinern können. Es gibt allerdings auch Schimmelpilze, die sind alles andere als gesund für uns. Der Schwarzschimmel etwa kann sich in Wohnungen am Mauerwerk und an Tapeten ausbreiten und Allergien sowie starke Lungenbeschwerden auslösen. Schimmel befällt aber auch Lebensmittel. Vielleicht ist euch das zuhause auch schon passiert, dass plötzlich auf dem Gemüse, Brot oder Käse so etwas wie ein weißer oder auch schwarz-grüner Flaum zu finden ist. Dann hat ein Schimmelpilz sich ausgebreitet und ein Myzel gebildet. Was man nun auf keinen Fall machen darf, ist die verschimmelte Stelle herauszuschneiden und den Rest noch zu verzehren. Denn auch wenn man das ganze Myzel herausgeschnitten bekommt – und das ist schon recht schwierig – so können sich dennoch vom Pilz abgegebene Giftstoffe bereits im Nahrungsmittel verbreitet haben. Also lieber weg damit!

Lernwerkstatt Viren, Bakterien und Co. – Bestell-Nr. 12 418

Pilze als Krankheitserreger beim Menschen

Aufgabe 3: *Ergänze den Lückentext mit den folgenden Begriffen:*

Giftstoffe 2x, Myzel, Mutterkorn, Vergiftungen,
Getreide, entfernen, Dauerform

Vor allem im Mittelalter führte mit ______________________ verunreinigtes ________________ oft zu ________________ beim Menschen. Das Problem war, dass das Getreide vermischt war mit dunklen Sklerotien, das ist die ________________ des Pilzes. Darin sind ________________ enthalten, die bei Aufnahme tödlich sein können. ____________________ von Pilzen sind es auch, weshalb es nicht ausreicht Schimmel auf Lebensmitteln zu ______________, denn das ______________ ist oft viel weiter vorgedrungen, als man mit dem bloßen Auge sehen kann.

Rekorde im Reich der Pilze

Wusstest du, dass die Hüte des Riesenbovist (Calvatia gigantea) bis zu 50cm groß werden können?

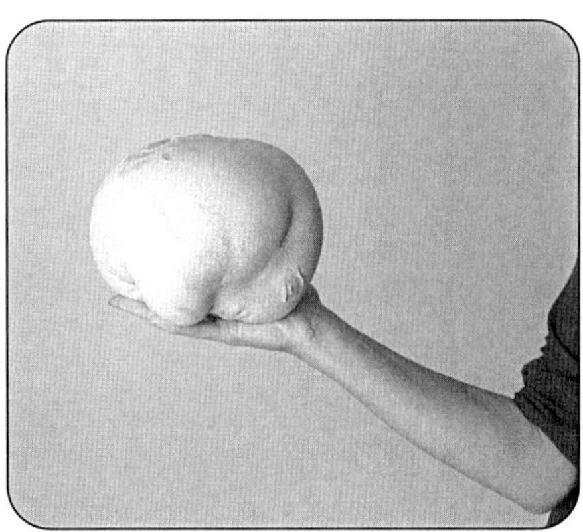

Wusstest du, dass sich in den USA, im Bundesstaat Oregon ein Pilzmyzel des Dunklen Hallimasch (Armillaria ostoyae) über 9 km^2 erstreckt? Das Gewicht wird auf 600 Tonnen und das Alter auf 2400 Jahre geschätzt.

KOHL VERLAG Lernwerkstatt Viren, Bakterien und Co. – Bestell-Nr. 12 418

5 Impfungen

Eine kurze Geschichte der Impfung

Die Geschichte der modernen Impfungen beginnt mit Edward Jenner, einem britischen Arzt, der von 1749 bis 1823 lebte und sich mit Pockenerkrankungen beschäftigte (Pocken sind knotige, mit Flüssigkeit gefüllte Hautbläschen, die platzen können). Der Legende nach soll Jenner im Jahr 1796 an Melkerinnen festgestellt haben, dass sie nach Infektion mit den für Menschen weitgehend ungefährlichen Kuhpocken nicht mehr an den viel gefährlicheren Pocken erkranken, die, wie man heute weiß, durch das Virus *Orthopoxvirus variolae* ausgelöst werden. Daraufhin entnahm er aus Pocken einer an Kuhpocken erkrankten Melkerin etwas Sekret. Er machte zwei Schnitte in die Haut eines Jungen und gab dort das Sekret hinein. Einige Wochen später verabreichte er dem Jungen auf gleiche Weise Sekret aus echten Pocken. Der Junge wurde nicht krank. Jenner wiederholte das Experiment mehrfach und fand so heraus, dass der Körper nach einer Infektion mit Kuhpocken auch immun gegenüber Pocken war. So erfand er die aktive Schutzimpfung. Bei dieser Form der Impfung stellt der Körper selbst Stoffe – so genannte Antikörper her – die den Erreger bekämpfen.

Wie genau diese funktionierte, wusste man damals noch nicht. Es sollte beinahe 100 Jahre dauern bis Luis Pasteur 1880 anhand der Geflügelcholera zeigte, dass im Labor hergestellte Impfstoffe Wirkung zeigten. Er verabreichte Hühner zuvor im Labor abgeschwächte Erreger der Geflügelcholera und später nicht abgeschwächte. Die Hühner überlebten. Im Unterschied zu Jenner hatte er seinen Impfstoff also nicht der Natur entnommen. Die wissenschaftliche Arbeit zu Impfstoffen nahm Fahrt auf. 1885 war es wieder Pasteur, der einen Tollwutimpfstoff herstellen konnte. 1896 wurde ein Choleraimpfstoff gefertigt.

Im Jahr 1890 entwickelte Emil von Behring die passive Immunisierung. Er injizierte Diphterie-Erreger einem Pferd und wartete einige Zeit. Dann entnahm er dem Pferd Blut und isolierte das Serum (die flüssigen Anteile des Blutes). Dieses injizierte er Menschen, die an Diphterie erkrankten, woraufhin sie alsbald gesundeten. Seitdem produziert man auf diese Weise verschiedene Antikörper in Tieren, um sie im Bedarfsfall erkrankten Menschen verabreichen zu können.

Spätestens seit Mitte des 20. Jahrhunderts werden neue Impfstoffe entwickelt und durch weltweite Impfprogramme Infektionskrankheiten systematisch zurückgedrängt.

Aufgabe 1: **a.** *Erstelle einen Zeitstrahl mit den großen Entdeckern und Entdeckungen rund um das Thema Impfen.*

b. *Benenne den Unterschied zwischen aktiver und passiver Impfung.*

Impfungen schützen nicht nur den Geimpften – die „Herdenimmunität“

Impfungen schützen die Geimpften vor der Ansteckung mit einer Infektionskrankheit. Aber nicht alle Menschen können geimpft werden. Säuglinge und Kleinkinder sind noch zu jung, Menschen mit dauerhaft geschwächtem Immunsystem können ebenso nicht geimpft werden. Diesen Menschen hilft es jedoch, wenn möglichst alle anderen geimpft sind; dadurch können auch sie vor einer Ansteckung geschützt werden. Man nennt dieses Phänomen „Herdenimmunität“. Herdenimmunität unterbricht die Infektionsketten, verhindert also, dass Krankheiten von Mensch zu Mensch übertragen werden können.

Kurz gesagt, kann jemand, der nicht geimpft werden kann, sich nicht mit einer Krankheit infizieren, wenn alle Menschen in seiner Umgebung geimpft sind und damit die Krankheit gar nicht bekommen und verbreiten können.

<u>Aufgabe 2</u>:

a. *Male in den beiden Abbildungen alle Menschen mit dem Schildsymbol (⬟) grün aus. Diese sind geimpft. Male alle anderen Menschen rot aus (nicht geimpft).*

b. *Notiere für beide Abbildungen wie viele Menschen prozentual geimpft sind.*

c. *Gehe davon aus, dass jeder Mensch alle um ihn herum anstecken kann. Zeichne in die obere Abbildung mit Pfeilen eine mögliche Infektionskette vom Infizierten bis zum Säugling.*

d. *Schätze wie viele Menschen geimpft sein müssen, damit alle Menschen geschützt sind. Beachte dabei, dass Menschen im Normalfall mehr als nur acht Kontaktpersonen haben.*

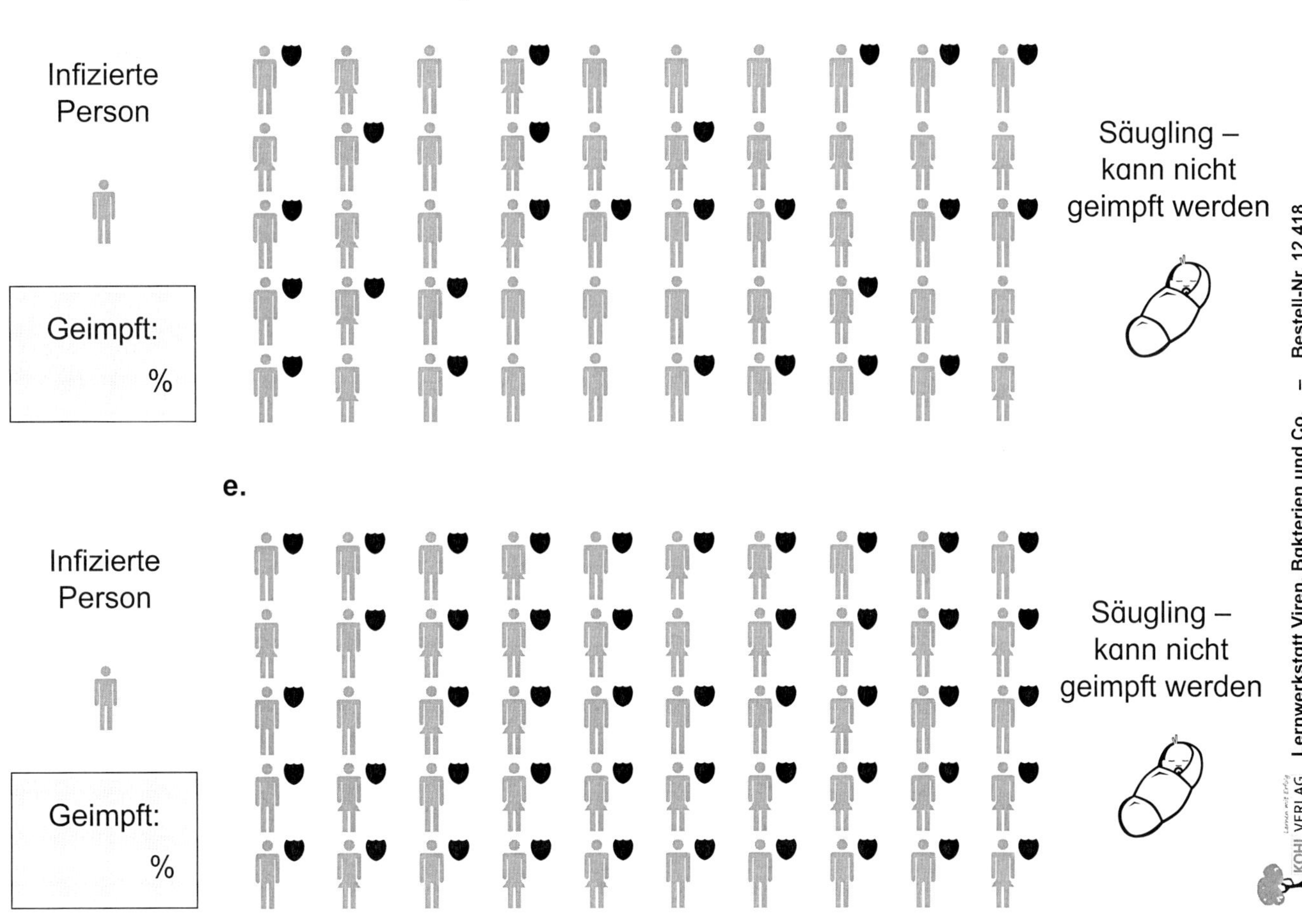

KOHL VERLAG Lernwerkstatt Viren, Bakterien und Co. – Bestell-Nr. 12 418

Impfungen

Eine Impfung gegen Krebs – HPV

HPV ist die Abkürzung für Humane Papillomviren. Von ihnen gibt es viele verschiedene Typen. Ihren Namen haben sie von den Papillomen, das sind Hautwarzen, die nicht gefährlich sind. Sie werden von bestimmten Typen der HPV ausgelöst. Andere Typen sind jedoch gefährlicher. Sie können Zellen derart verändern, dass sie sich unkontrolliert vermehren. So eine unkontrollierte Vermehrung nennt man Tumor – ist diese bösartig, spricht man umgangssprachlich von Krebs. Bei HP-Viren sind vor allem Zellen im Genitalbereich betroffen. Besonders bekannt ist der so genannte Gebärmutterhalskrebs. Daran erkranken in Deutschland rund 4.500 Frauen pro Jahr.

Eine Ansteckung mit HPV geschieht meist beim Geschlechtsverkehr. Nahezu jeder sexuell aktive Mensch steckt sich in seinem Leben mit HP-Viren an, wobei der Gebrauch von Kondomen einen gewissen Schutz bietet.

Aber nicht jede Ansteckung mit HP-Viren löst eine Erkrankung aus – oft wehrt das Immunsystem die Viren ab. Um das Risiko weiter zu minimieren, kann man sich gegen die gefährlichsten Typen von HP-Viren impfen lassen. Empfohlen wird diese Impfung für Mädchen und Jungen zwischen 9 und 14 Jahren.

Aufgabe 3: *Erstelle einen Steckbrief zu den HP-Viren.*

Name: ____________________

____

____

____

Ausgelöste Krankheiten: ____________________

____

____

____

Übertragungsweg: ____________________

____

____

____

Schutzmaßnahmen: ____________________

____

____

____

Streit um Impfungen – Masern

Masern sind eine virusbedingte Infektionskrankheit. Sie ist hochgradig ansteckend und zeigt sich meist durch einen Hautauschlag und einen geschwächten Allgemeinzustand. Bei etwa jedem 20. Erkrankten kommt es zu weiteren Symptomen wie Mittelohr- oder Lungenentzündungen. Etwa jeder tausendste Erkrankte verstirbt an Masern. Gegen Masern ist es möglich sich impfen zu lassen.

In Deutschland gilt seit dem 01.03.2020 das Masernschutzgesetz. Danach müssen Personen, die nach 1970 geboten wurden und in einer Gemeinschaftseinrichtung (das kann eine Schule, ein Kindergarten oder eine Werkstatt für Menschen mit Behinderungen sein) betreut werden, nachweisen, dass sie gegen Masern geimpft sind. Wenn Eltern beispielsweise ihre Kinder nicht gegen Masern haben impfen lassen, dürfen diese meist keinen Kindergarten mehr besuchen. Damit wird die Impfung gegen Masern praktisch verpflichtend für alle. Das ist nicht unumstritten und wird nach wie vor diskutiert.

<u>Aufgabe 4</u>: *Unten siehst du einige Meinungen zum Masernschutzgesetz und der damit einhergehenden Pflicht zur Impfung. Nimm jeweils Stellung zu den Meinungen.*

"Ich möchte mich frei entscheiden können, ob ich mich und meine Kinder impfen lasse. Die Impfpflicht greift in meine persönliche Freiheit ein."

"Impfen schützt vor schweren Erkrankungen. Darum sollte jeder sich impfen lassen."

"Ich finde die Impfpflicht gut, denn dann sind auch die geschützt, die nicht geimpft werden können."

"Mein Kind wurde bereits gegen andere Krankheiten geimpft und war jedes Mal wochenlang krank. Deshalb lehne ich eine weitere Impfung ab."

KOHL VERLAG Lernwerkstatt Viren, Bakterien und Co. – Bestell-Nr. 12 418

6 Lösungen

Typischer Aufbau eines Bakteriums

Aufgabe 1:

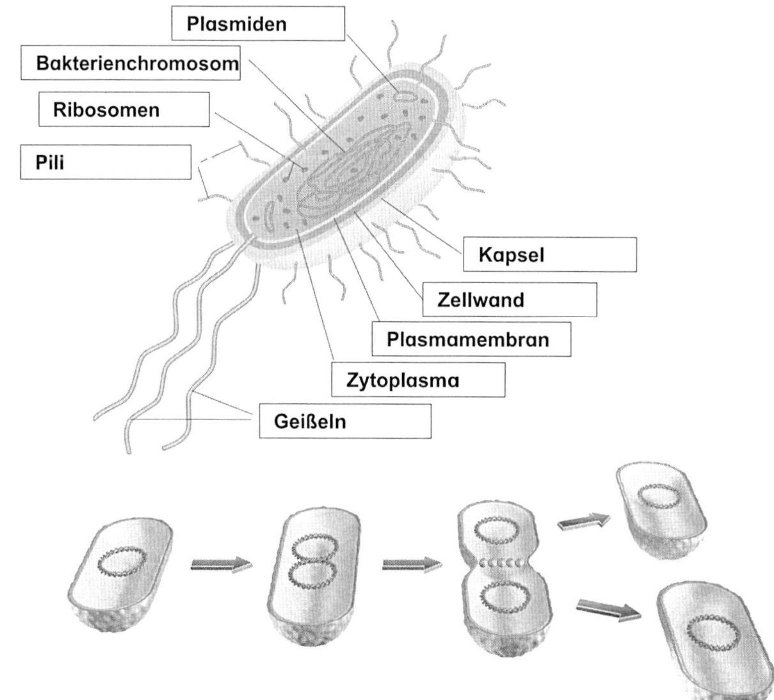

Vermehrung von Bakterien

Aufgabe 2:

Bakterien vermehren sich sehr schnell

Aufgabe 3:

a. Die Kurve steigt zunächst recht schnell. Nach etwa 80 Minuten steigt sie langsamer bis bei 120 Minuten 10.000 Bakterien erreicht sind. Danach werden es nicht mehr Bakterien.

b.

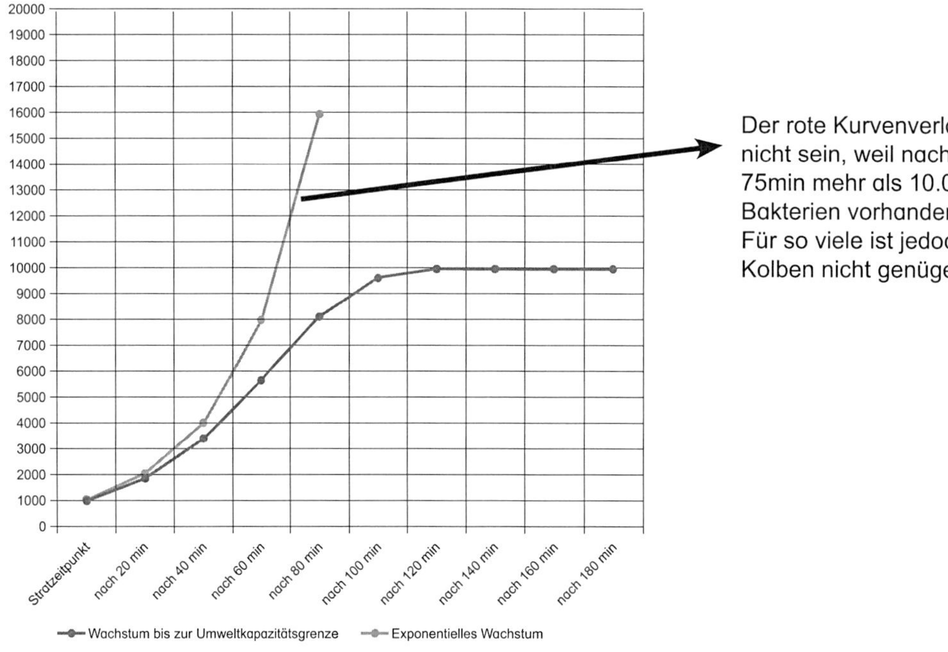

Der rote Kurvenverlauf kann nicht sein, weil nach etwa 75min mehr als 10.000 Bakterien vorhanden wären. Für so viele ist jedoch im Kolben nicht genügend Platz.

c. Ergänzen: Roten Strich und als Beschriftung „exponentielles Wachstum“ oder „Wachstum bei Verdopplung nach jeweils 20 Minuten“

Das Pestbakterium

Aufgabe 4: Eine mit dem Pestbakterium infizierte Ratte wird von einem Floh gebissen. Dabei nimmt der Floh die Bakterien auf. Beißt der Floh nun einen Menschen, überträgt er dabei die Pestbakterien. Der infizierte Mensch entwickelt eine Beulenpest. Die Pestbakterien vermehren sich in der Lunge. Von dort können sie in die Luft und dann in einen anderen Menschen gelangen.

Antibiotika

Aufgabe 5a: In den Versuchen 1 und 2 sind keine Hemmhöfe zu sehen. Im dritten Versuch ist ein Hemmhof zu sehen.

Aufgabe 5b: Als Arzt würde ich das Antibiotikum Nummer 3 wählen. Hier zeigt sich ein Hemmhof. Das bedeutet, dass hier das Antibiotikum die Bakterien am Wachstum gehindert hat. Es würde folglich gegen die Krankheit wirken.

Lösungen

Resistenzen gegen Antibiotika

Aufgabe 6a: Schritt 1 Infektion mit Bakterien — Schritt 2 Einsatz des Antibiotikums — Schritt 3 Vermehrung der Bakterien

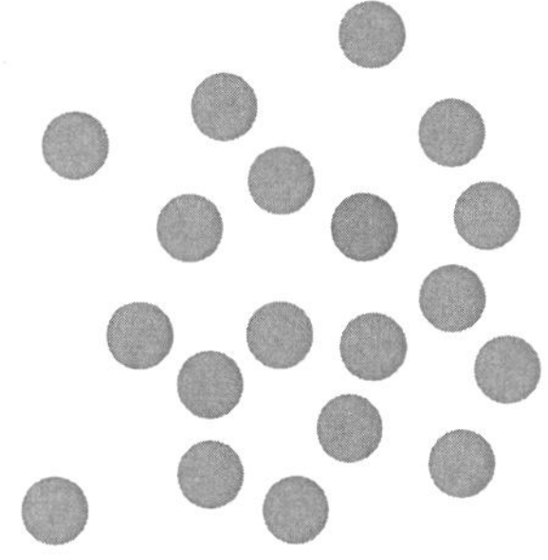

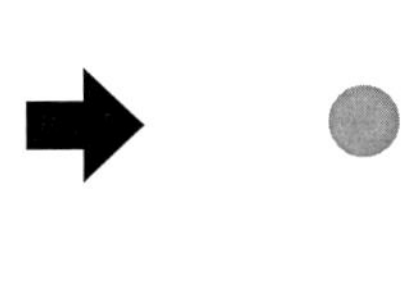

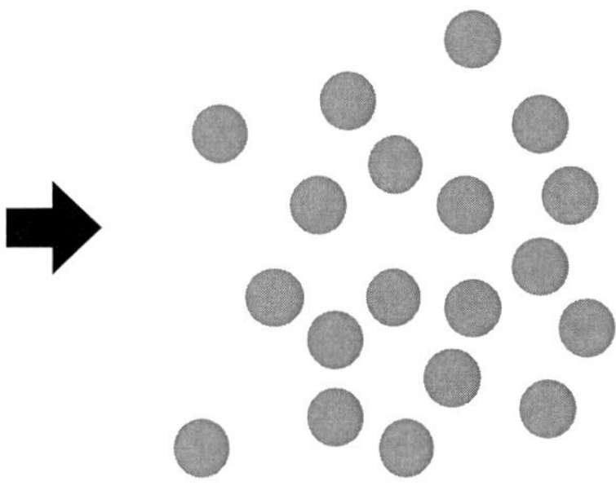

Aufgabe 6b: Individuelle Lösung

Aufgabe 6c: Wenn Antibiotika eingesetzt werden, können resistente Bakterien übrigbleiben. Diese sind gefährlich. Wenn also Antibiotika zu oft eingesetzt werden, entstehen immer mehr resistente Bakterien und können sich vermehren.

Bakterien tauschen Erbinformationen auch aus

Aufgabe 7: Zunächst bildet eine Bakterie einen Pilus aus. Wenn dieser die andere Bakterie erreicht, bildet sich eine Zytoplasmabrücke aus. Darüber wird das Plasmid-Erbgut übertragen. So erhält die zweite Bakterie Erbinformationen von der ersten. Ist dies abgeschlossen, löst sich die Plasmabrücke auf.

Bakterien – Mehr als Krankheitserreger

Aufgabe 8:

Verdauung:	Bakterien in unserem Darm verdauen für uns unverdauliche Stoffe.
Lebensmittel:	Aus Milch wird durch Bakterien Joghurt u. bei Bierherstellung Alkohol aus Zucker.
Medikamente:	Bakterien können so verändert werden, dass sie für uns Medikamente produzieren.
Kläranlagen:	In Kläranlagen reinigen sie das Abwasser.

Teste dich selbst – Bakterien

					G	N	I	M	E	L	F								
	F														H				
	L														E				
	O														M				
	H			M											M				
				O											H				
				S											O				
				O											F				
				M			K	O	K	K	E	N							
				O															
				R															
				H															
				C															
								C	H	O	L	E	R	A					
																P			
																I			
																L			
	D	I	M	S	A	L	P									U			
																S			

Lösungen

6

Typischer Aufbau eines Virus

Aufgabe 1:

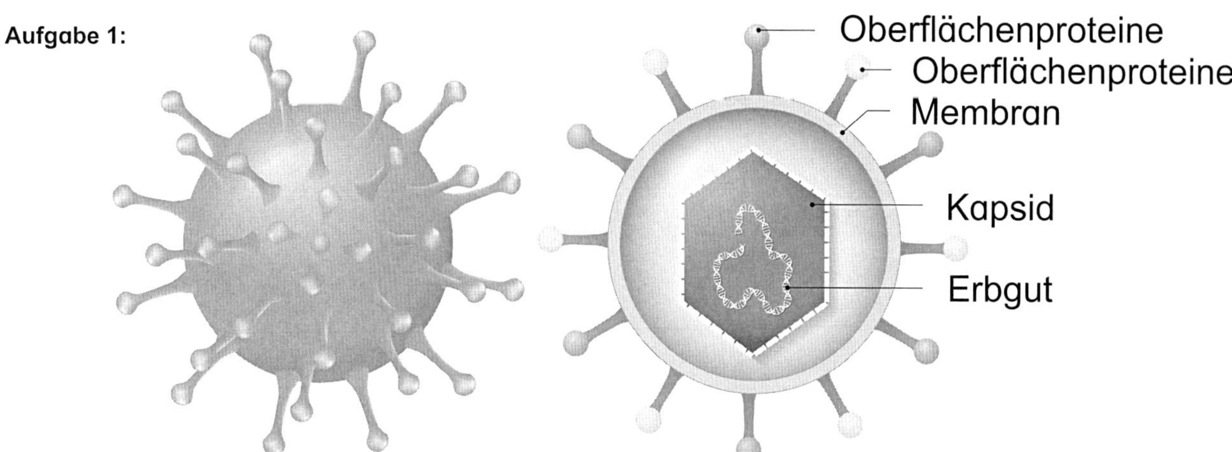

Viren – leblose Lebewesen?

Aufgabe 2a: Viren haben keine Sinnesorgane, aber sie können an Zellen andocken und daraufhin ihr Erbgut einschleusen. In diesem Sinne wäre das Merkmal erfüllt. Viren haben keinen Stoffwechsel, sie nehmen auch nicht an Größe und Gewicht zu. Selbständig fortpflanzen können sie sich auch nicht. Sie benötigen dazu eine Wirtszelle. Diese drei Merkmale sind also nicht erfüllt. Um ihr Erbgut in die Wirtszelle einzuschleusen, bewegen sie Teile von sich. Das Merkmal wäre also insoweit erfüllt. Es fehlen also drei Merkmale, weshalb Viren keine Lebewesen sind.

Hinweis: *Es ist durchaus umstritten in der Fachwelt, ob Viren nicht doch eher Lebewesen sind. Gängige Lehrmeinung ist jedoch, dass sie es nicht oder höchstens Lebewesen ähnlich sind.*

Aufgabe 2b: Der Autor spricht von leblosen Lebewesen vermutlich deshalb, weil einzelne Merkmale des Lebendigen erfüllt sind.

Das Coronavirus SARS-CoV-2

Aufgabe 3: individuelle Lösung, hier ein Beispiel

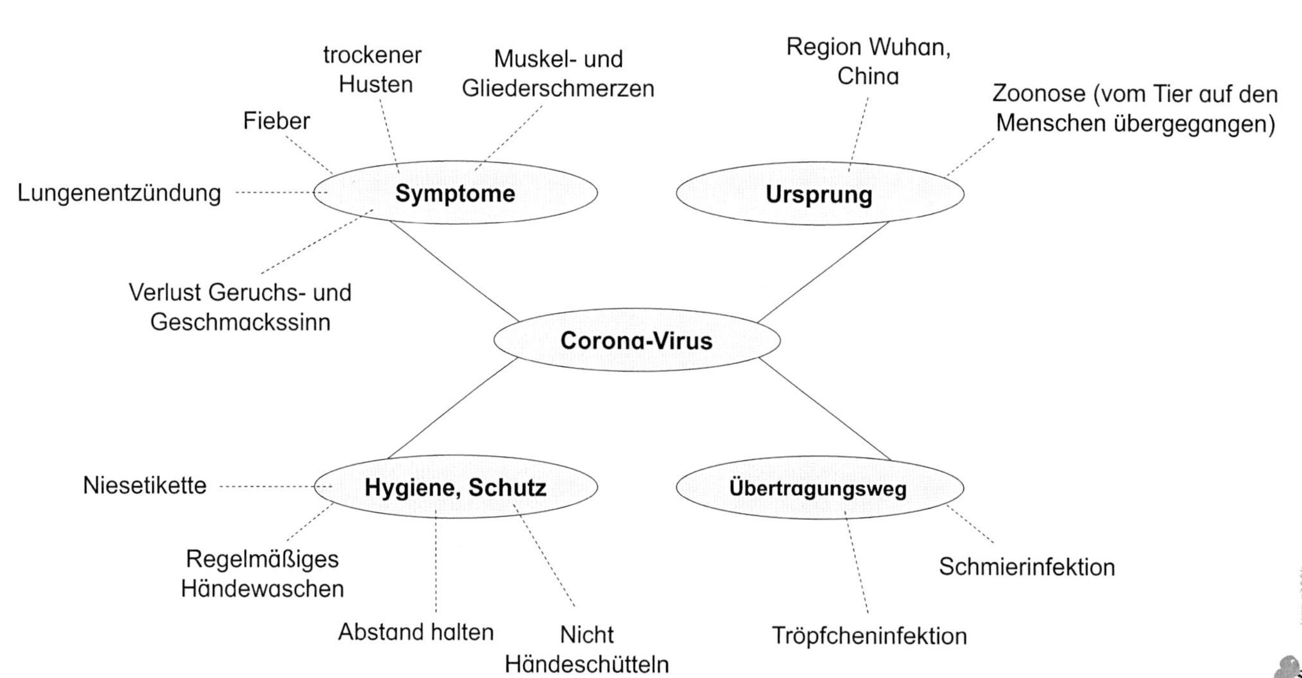

Lösungen

#flattenthecurve // Die Kurve abflachen! – Wozu ist das gut?

Aufgabe 4:

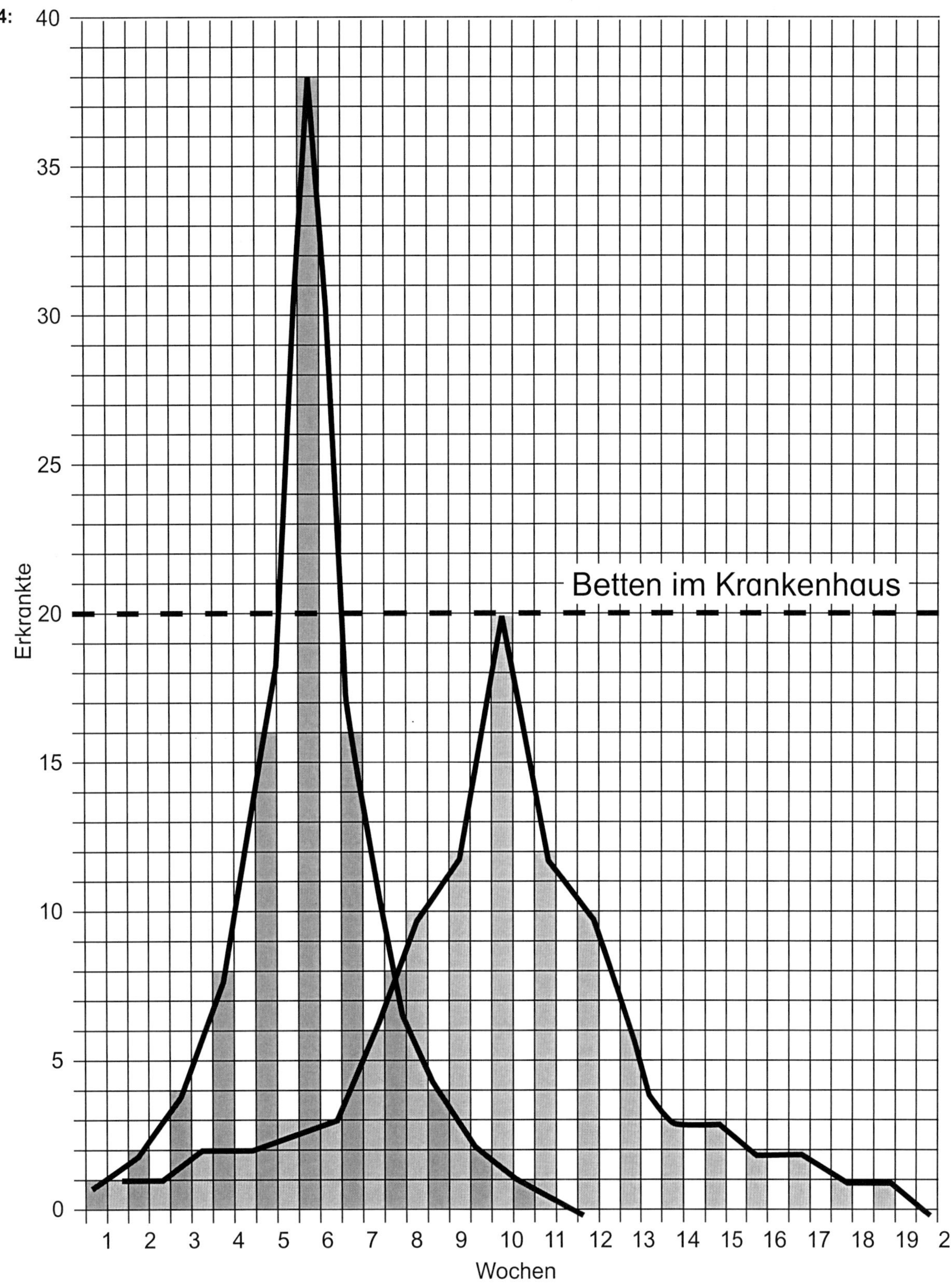

Aufgabe 4d: Das Diagramm zeigt die Anzahl Erkrankter im Verlauf von Wochen. Für die roten Säulen gilt, das die Anzahl Erkrankter sehr schnell steigt und in der 6. Woche mehr Erkrankte als Krankenhausbetten vorhanden sind. Für die grünen Säulen gilt, dass zwar fast doppelt so lang Erkrankte vorhanden sind, aber immer genug Krankenhausbetten zur Verfügung stehen.

AIDS/HIV

Aufgabe 5:

Übertragung sehr wahrscheinlich: Geschlechtsverkehr ohne Kondom, Bluttransfusion, von der Mutter zum Kind
Übertragung sehr unwahrscheinlich: alle restlichen, wie bspw. Umarmungen, Toiletten, Insektenstiche, Kleidung

Lernwerkstatt Viren, Bakterien und Co. – Bestell-Nr. 12 418
KOHL VERLAG

Lösungen

Teste dich selbst – Viren

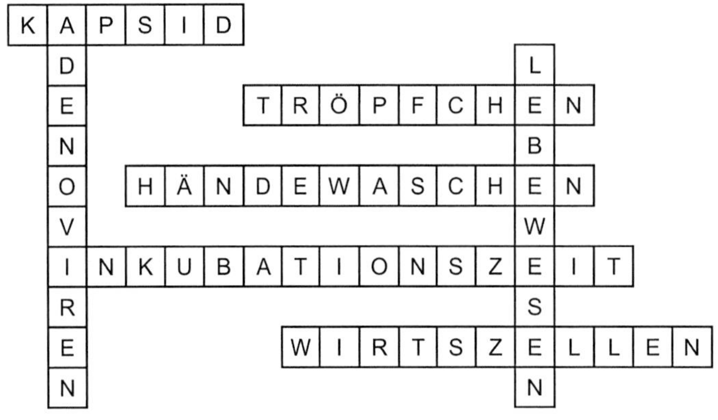

Viren befallen auch Bakterien – Die Bakteriophagen

Aufgabe 1: siehe Skizze rechts

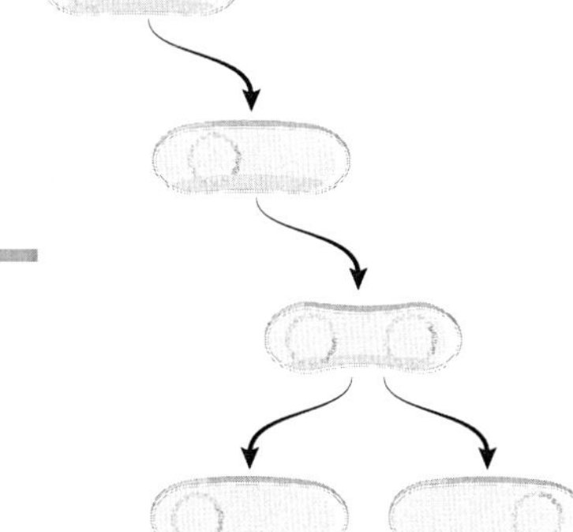

Phagen als Medikamente

Aufgabe 2a:

Vorteile	Nachteile
Für jede Bakterie gibt es eine Phage	Resistenzbildung ist möglich
Phagen greifen nur „ihre“ Bakterie an	Phagen werden vom Immunsystem bekämpft
Wenig Nebenwirkungen	Therapie mit jedem Phagentyp nur einmal möglich
Keine Allergien	Es kann dauern, den richtigen Phagentyp zu finden
Wirken in jeder Phase des Bakterienlebenszyklus	
Wenn keine Bakterien mehr da sind werden die Phagen abgebaut	

Aufgabe 2b: Individuelle Lösung

Pilze – Vielfältige Lebewesen

Aufgabe 1:

STIEL
MYCEL
PINSELSCHIMMEL
MYKORRHIZA
KOHLENSTOFFDIOXID
DESTRUENTEN
BLAUSCHIMMMEL

Lösungswort (senkrecht): SEEROSE

Pilze als Krankheitserreger beim Menschen – der Fußpilz

Aufgabe 2:

Pilze als Krankheitserreger beim Menschen – Mutterkorn und Schimmel

Aufgabe 3: Vor allem im Mittelalter führte mit **Mutterkorn** verunreinigtes **Getreide** oft zu **Vergiftungen** beim Menschen. Das Problem war, dass das Getreide vermischt war mit dunklen Sklerotien, das ist die **Dauerform** des Pilzes. Darin sind **Giftstoffe** enthalten, die bei Aufnahme tödlich sein können. **Giftstoffe** von Pilzen sind es auch, weshalb es nicht ausreicht, Schimmel auf Lebensmitteln zu **entfernen** denn das **Myzel** ist oft viel weiter vorgedrungen, als man mit dem bloßen Auge sehen kann.

Lernwerkstatt Viren, Bakterien und Co. – Bestell-Nr. 12 418

6 Lösungen

Eine kurze Geschichte der Impfung

Aufgabe 1a:

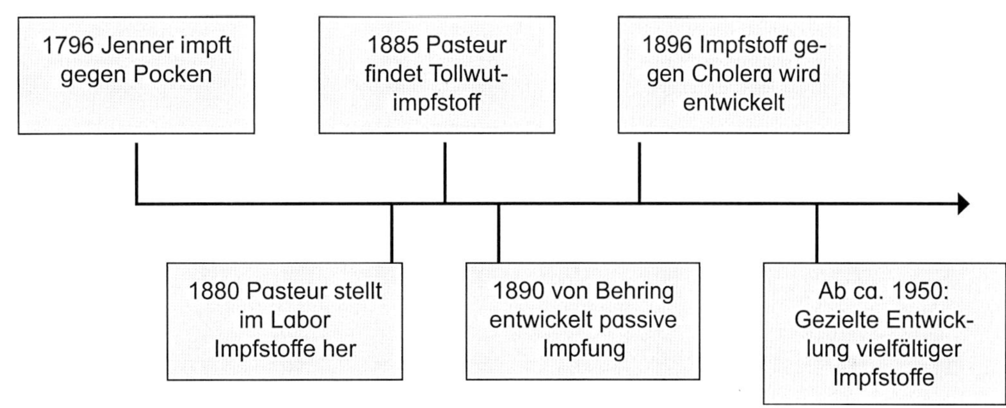

Aufgabe 1b: Bei der aktiven Impfung stellt der Körper selbst Antikörper gegen Krankheitserreger her. Bei der passiven werden Tiere mit Erregern infiziert, ihre Körper produzieren Antikörper, diese werden entnommen und im Krankheitsfall einem Menschen injiziert.

Impfungen schützen nicht nur den Geimpften – die „Herdenimmunität“

Aufgabe 2a: Siehe Abbildungen

b: Obere Abbildung: 50%; untere Abbildung 94%

c: Siehe Abbildung

d: Man geht davon aus, dass eine Impfquote von ca. 95% hinreichend ist, um eine Herdenimmunität zu schaffen, die auch Menschen schützt, die nicht geimpft werden können.

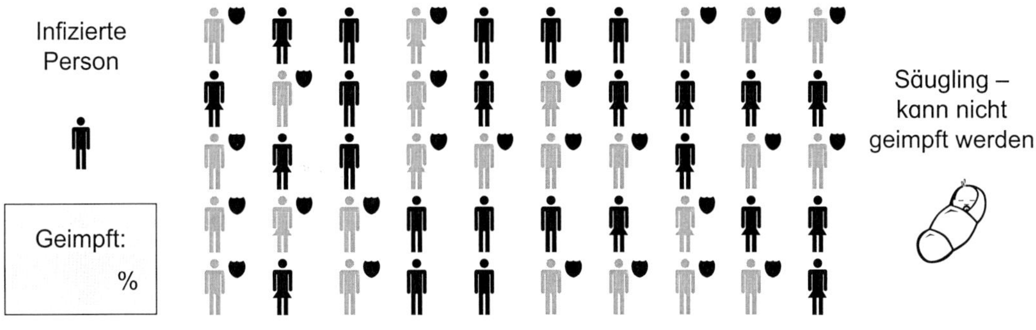

Aufgabe 2e:

Eine Impfung gegen Krebs – HPV

Aufgabe 3:

Name:	HPV – Humane Papillomviren
Ausgelöste Krankheiten:	Warzen, Krebs
Übertragungsweg:	Geschlechtsverkehr
Schutzmaßnahmen:	Kondome (nicht vollständig), Impfung

Streit um Impfungen – Masern

Aufgabe 4: Individuelle Lösungen

KOHL VERLAG

7 Quellen

Typischer Aufbau eines Bakteriums, Formen von Bakterien

Bley, C.-H., Centgraf, M., Cieslik, A., Hack, J. & T. Hell (2015): I care Krankheitslehre. Georg Thieme Verlag, Stuttgart.

Vermehrung der Bakterien

Weber, H. (Hrsg.) (2010): Mikrobiologie der Lebensmittel: Band 1: Grundlagen. Behr's Verlag, Hamburg.

Bakterien vermehren sich sehr schnell

Mändle, C. & S. Opitz-Kreuter (2014): Das Hebammenbuch: Lehrbuch der praktischen Geburtshilfe. Schattauer Verlag, Stuttgart.
Schön, G. (1999): Bakterien: die Welt der kleinsten Lebewesen. Verlag C.H. Beck, München.
Reeve, E. C. R. & I. Black (2001): Encyclopedia of Genetics. Verlag Taylor & Francis, London.

Das Pestbakterium

Hahn, H., Kaufmann, S.H.E., Schulz, T.F. & S. Suerbaum (Hrsg.) (2009): Medizinische Mikrobiologie und Infektiologie. Springer-Verlag, Berlin.

Antibiotika

Schön, G. (2005): Pilze: Lebewesen zwischen Pflanze und Tier. Verlag C.H. Beck, München.

Resistenzen gegen Antibiotika

Schulz-Stübner, S., Mattner, F., Meyer, E. & R. Mahlberg (Hrsg) (2015): Antibiotika bei Infektionen mit multiresistenten Erregern. Springer-Verlag, Berlin.

Bakterien tauschen Erbinformationen auch aus

Schumann, W. (2013): Biologie Bakterieller Plasmide. Springer-Verlag, Berlin.

Bakterien – mehr als Krankheitserreger

Weber, H. (Hrsg.) (2010): Mikrobiologie der Lebensmittel: Band 1: Grundlagen. Behr's Verlag, Hamburg.
Mändle, C. & S. Opitz-Kreuter (2014): Das Hebammenbuch: Lehrbuch der praktischen Geburtshilfe. Schattauer Verlag, Stuttgart.
Thieman, W. J. & M. A. Palladino (2007): Biotechnologie. Pearson Deutschland, Hallbergmoos.

Typischer Aufbau eines Virus

Matthys, H. & W. Seeger (2008): Klinische Pneumologie. Springer-Verlag, Berlin.
Raven, P.H., Evert, R.F. & S.E. Eichhorn (2006): Biologie der Pflanzen. Verlag De Gruyter, Berlin.
Nabors, M.W. & R. Scheibe (2007): Botanik. Pearson Deutschland, Hallbergmoos.

Viren – leblose Lebewesen?

Engeln, H. (2020): Viren - so funktionieren die leblosen Lebewesen <https://www.stern.de/p/plus/gesundheit-wissenschaft/coronavirus--viren--so-funktionieren-die-leblosen-lebewesen--9190164.html> (Zugriff: 01.04.2020)
Rolle, M. (2007): Medizinische Mikrobiologie, Infektions- und Seuchenlehre. Georg Thieme Verlag, Stuttgart.

Das Coronavirus SARS-CoV-2

BZgA (Bundeszentrale für gesundheitliche Aufklärung) (Hrsg.) (2020): Covid-19 / neuartiges Coronavirus: Antworten auf häufig gestellte Fragen. <https://www.infektionsschutz.de/coronavirus/fragen-und-antworten.html> (Zugriff: 02.04.2020).
Robert Koch-Institut (Hrsg.) (2020): SARS-CoV-2 Steckbrief zur Coronavirus-Krankheit-2019 (COVID-19). <https://www.rki.de/DE/Content/InfAZ/N/Neuartiges_Coronavirus/Steckbrief.html> (Zugriff: 03.04.2020).

#flattenthecurve // Die Kurve abflachen! – Wozu ist das gut?

McMurry, J. et al. (Hrsg.): Flache Kurve! <https://www.flattenthecurve.com/de/> (Zugriff: 01.04.2020)

AIDS/HIV

BZgA (Bundeszentrale für gesundheitliche Aufklärung) (Hrsg.) (2020): HIV – Übertragung. <https://service.bzga.de/pdf.php?id=22b23569439cb92bbfc292766b625bbf> (Zugriff: 30.03.2020)

Viren befallen auch Bakterien – Die Bakteriophagen

Hahn, H., Kaufmann, S.H.E., Schulz, T.F. & S. Suerbaum (Hrsg.) (2009): Medizinische Mikrobiologie und Infektiologie. Springer-Verlag, Berlin.

Phagen als Medikamente

Kratz, R.F. & D.R. Siegfried (2016): Biologie für Dummies. Verlag John Wiley & Sons, Hoboken.

Pilze – Vielfältige Lebewesen

Raven, P.H., Evert, R.F. & S.E. Eichhorn (2006): Biologie der Pflanzen. Verlag De Gruyter, Berlin.
Lewitzki, W. (2020): Das Apfelbuch: Alles über Äpfel und Apfelbäume. BoD.
Schön, G. (2005): Pilze: Lebewesen zwischen Pflanze und Tier. Verlag C.H. Beck, München.

Pilze als Krankheitserreger beim Menschen – der Fußpilz

BZgA (Bundeszentrale für gesundheitliche Aufklärung) (Hrsg.) (2020): Barrieremaßnahmen. <https://www.infektionsschutz.de/hygienetipps/barrieremassnahmen.html> (Zugriff: 04.04.2020)

Eine kurze Geschichte der Impfung

Hahn, H., Kaufmann, S.H.E., Schulz, T.F. & S. Suerbaum (Hrsg.) (2009): Medizinische Mikrobiologie und Infektiologie. Springer-Verlag, Berlin.

Impfungen schützen nicht nur den Geimpften – die „Herdenimmunität"

Betsch, C., Böhm, R., Korn, L. & Holtmann, C. (2017): On the benefits of explaining herd immunity in vaccine advocacy. In: Nature Human Behaviour 1, 0056. <http://rocs.hu-berlin.de/papers/betsch_etal_2017.pdf> (Zugriff: 02.04.2020).

Eine Impfung gegen Krebs – HPV

BZgA (Bundeszentrale für gesundheitliche Aufklärung) (Hrsg.) (2018): HPV-Impfung. <https://service.bzga.de/pdf.php?id=b7012abcafc45ef6298604acf98a2f3b> (Zugriff: 04.04.2020)

Streit um Impfungen – Masern

CDC (Centers for Disease Control and Prevention (Hrsg.) (2015): Measles. <https://www.cdc.gov/vaccines/pubs/pinkbook/downloads/meas.pdf> (Zugriff: 30.03.2020).
Bayerischer Rundfunk (Hrsg.) (2019): Das Pro und Contra zum Thema Impfen. <https://www.br.de/themen/wissen/das-pro-und-contra-zum-thema-impfen-100.html> (Zugriff: 30.03.2020)